KB274512

우짜던동
하나님 감사합니더어

오명근 목사 저

(목회50년 회고록)

도서출판 한 글

머리말

할렐루야! 하나님 아버지께 영광을 돌립니다.

제가 18세 어린 나이에 '오군', '오 선생', '오전도사님', '오 조사!' 이런 소리를 한꺼번에 들으면서 교역자 아닌 교역자의 일을 하고, 목회자도 아니고 목회가 무엇인지도 모르면서 목회자의 일을 하기 시작했던 그 때로부터 금년 68세이고 보니 감히 제가 '목회50주년'이 된다는 말을 하는 것입니다.

처음에는 너무 몰라서, 너무 어려서, 가까이서 가르쳐 주는 선생도 없고, 같이 의논할 친구도 없어서 언제나 혼자 생각하고 판단하고 용감히 실시하다 보니 실수한 것, 시행착오가 생긴 일들이 한두 가지가 아니었습니다.

본 책자는 목회 50년의 목회여화(牧會餘話)를 자서전(自敍傳)이나 목회수기(牧會手記)나 목회회고록을 쓰듯이 진술하게 기록한 것입니다. 가시밭 인생 길을 지나온 발자취를 돌아보며 기도도 많이 하고 눈물을 많이 흘리기도 하였습니다.

본래 글 쓰는 재주가 없는 사람인 데다 미리 작성한 원고도 없이 컴퓨터 앞에 앉아 머리에 떠오르는 대로 자판을 독수리 타법으로 두들겨 쓰다 보니 상당한 시일도 걸렸으며 여러 날 밤을 꼬박이 밝히기도 하였습니다. 어쩔 수 없이 오자도 생기고 앞뒤 문구가 매끄럽게 이어지지 못한 부분도 많이 있을 것입니다.

잘 하나 못 하나 목회 50주년을 맞고 지나간 날들을 한번 되돌아보니 그래도 책 한 권쯤은 될 분량의 내용들이 있을 것 같아 목회에서 얻은 이야기를 여화로 써보기로 하였습니다.

막상 컴퓨터 자판을 두들기면서 생각해 보니 남기고 싶은 말들이 많을 것 같으면서도 별로 자랑스럽게 내어놓을 가치가 없다고 느껴져서 지워 버리고 포기한 내용들도 있었습니다.

저의 목회 50년의 회고록을 한 마디로 요약하여 표현한다면 '조금은 별난 목회, 험준한 고생 목회, 파란 만장의 소신 목회, 전도 교육 부흥의 목회'였다고 스스로 말할 수가 있겠습니다.

본 책자를 읽으시기에 재미가 없고 지루하고 좀 무미건조(無味乾燥)하다는 평을 받을 각오를 합니다만 그러나 제가 걸어온 목회의 길을 진솔하게 쓴 것만은 사실이오니 깊은 이해가 있으시기를 바라는 바입니다.

본 책자를 제작하기 위해 한창 자판을 두들기며 진행해 나갈 때가 6,7월 긴긴 장마철과 장마가 거치자 36,7도를 오르내리는 폭염 속에서 비지땀을 짜내며 머리를 써서 만들었다는 것을 알아주시기를 바랍니다.

본 책자를 출판하는 데는 저의 귀중한 목회 동역자인 성남 하나교회의 담임목사 김상경 목사님의 물심양면 도와주신 손길이 있었으며 저의 고명딸 오은향 집사의 도움과 저의 내자 김옥연 사모의 기도해 준 숨겨진 힘이 있었음을 밝히는 바입니다.

지금은 제55기 강원도 동해시 목회자 치유목회 세미나와 동해시 베다니 교회의 치유부흥회, 또 제56기 서울 강서지역 목회자 세미나와 방화동 샛별교회의 치유부흥회를 준비하느라 마음부터 몹시 바쁜 중에 있습니다.

본 책자를 읽으시는 모든 분들에게 하나님의 은혜와 그리스도 예수의 충만한 사랑이 가득가득하시기를 기원합니다.

고맙습니다. 할렐루야!

2006년 8월 한더위 속에서
'성령치유 능력목회 연수원' 반송교회
목사 오 명 근 씀

목 차

제1부

대관절 하나님은 있소! 없소!

나는 국민학교 2학년 때부터 나보다 네 살 위인 누님을 따라 교회의 주일학교에 나가면서 예수를 믿었다. 나의 아버지는 국민학교 교장이셨으나 누님이 교회에 가는 것을 심하게 반대하셨기에 대문을 잠그고 교회에 못 가게 하시니 하수도 수챗구멍으로 빠져나가 교회의 새벽기도를 다녔다 하여 누님에게는 일찍부터 '수챗구멍 신자'로 별명이 붙여졌는데 나도 누님 따라 수챗구멍으로 교회에 새벽기도를 가본 일도 여러 번 있었다.

나는 주일학교에서 찬송 부르기, 성경암송 등은 언제나 일등상을 받았고 성탄절, 부활절, 추수감사절이면 노래 대화극, 아동극, 무용 등 중요한 순서에 주연급 배역을 독차지했던 기억이 난다.

국민학교 중학교 고등학교를 진학하면서도 예수가 누구신지? 하나님이 정말 살아 계시는지? 아무것도 모르면서 믿어지지도 않으면서 그저 교회가 좋고 늘 상을 많이 받는 재미, 반사 선생님의 칭찬소리 듣는 재미로 주일 결석 한번 없이 부지런히 교회에 다니곤 했다.

해방 후 한국의 전쟁 6·25동란을 전후하여 당시 국민학교 교장의 전근 이동이 많아서 나의 어린 시절 청소년기는 1년에도 몇 차례씩 수십 번의 이사를 해야 했으니 고등학교

3년간은 두셋 동생들을 데리고 자취를 했으나 국민학교 네 번 전학, 중학교 세 번 전학의 특별 경험을 하였고 그때부터 자연히 이삿짐 꾸리고 보따리 싸는 데는 많은 경험상 기술이 생기기도 하여 지금도 이사하고 이삿짐 꾸리는 데는 이삿짐 센터 익스프레스 이용할 필요를 느끼지 않는다.

나를 교회로 인도해준 그 누님이 스물 두 살이 될 때 아버지는 또 다른 학교로 전근되시어서 이사를 했는데 그 마을에는 교회가 없었고 아버지는 딸이라고 해서 여전히 누님이 교회 가는 것을 심하게 반대하셨다.

아버지가 이렇게 반대하는 데도 몰래 집을 빠져나가 약 3킬로 정도 떨어져 있는 교회에 주일 밤 예배를 갔다가 시골길 산 고갯길에서 못된 불량배들에게 붙잡혀 성경 찬송이 다 찢어지고 두 가닥으로 땋은 처녀의 머리가 다 풀리고 옷이 찢어지는 봉변을 당한 일 때문에 아버지의 추상같은 금족령(禁足令)이 떨어져 누님이 영영 교회뿐 아니라 바깥 출입까지 전면 금지 상태가 되고 말았다.

누님은 가히 천재라는 소리를 들을 만큼 머리가 뛰어나게 좋아서 당시에는 월반(越班) 제도가 있었기에 국민학교 1학년에서 3학년으로 4학년에서 6학년으로 월반을 하여 국민학교를 4년에 졸업했다.

국민학교 졸업 후 시내 모 여자중학교에 전액 장학생으로 입학이 되었으나 당시 국민학교 교장의 박봉으로 우리 형제 6남 3녀 9남매에다 할아버지, 할머니를 모시고 있었고 막내 고모와 삼촌까지 함께 살아 열다섯 식구가 살아가기에는 너무나 어렵고 힘이 들었다. 가난했던 어린 시절 우리는 점심을 거의 먹어보지 못했고 인근 두부 집에서 나오는 콩비지를 얻어다가 비지죽을 쑤어 연명을 했다. 그런 처지라 누님이 중학교에 전액 장학생으로 합격되었는데도 교복과 책을 구입할 형편이 못 되어 그렇게도 가고 싶어하는 중학교를 못 가고 말았다. 하고 싶은 학교 공부를 못하게 된 누님은 주일날 교회에 가는 게 유일한 위로와 낙이었던 것이다.

그때 누님은 아버지가 시내 교장 회의에서 돌아오시며 사다준 《천자문千字文》 책을 3일만에 다 끝내고 암송했으며 그 후에 혼자 독학으로 영어 회화를 능통하게 했다. 정말 천재적인 머리였다고 해도 틀림이 없는 것이었다.

이러한 누님이 아버지의 엄한 금족령으로 인해 교회에도 못 가고 바깥출입도 못하게 되었으니 그때는 미처 몰랐으나 누님이 교회에 다니는 신앙양심이 없었더라면 아마 자살이라도 했을 것이 분명하다.

한번은 토요일이라 동생들을 데리고 자취방에서 나와 부모님이 계시는 집으로 왔다. 누님이 나를 데리고 국민학교 옆에 있는 금잔디동산 소나무 밑으로 가서 나를 붙잡고 한없이 한없이 우는 것이 아닌가? 나는 영문도 모르면서 누님을 따라 같이 울며 누님이 왜 이러시는지 물었더니,

"명근아! 너는 아무쪼록 목사가 되어야 한다. 나는 내일 이곳을 떠난다. 하나님이 나를 인도해 주신다. 명근아! 네가 목사님이 되었다는 소식을 들으면 너를 찾아올 거다."

하는 것이었다.

"누님! 그래도 가출하지는 말아요."

"아니야, 나는 떠나야 한다. 그 동안 많이 생각하고 결심한 거야."

두 사람이 부둥켜안고 몇 시간을 밀고 당기며 울었든지 맑은 새벽하늘에 초승달이 떠 보일 때가 되자 한사코 매달리고 붙잡는 나의 손을 뿌리치고 미리 준비해 놓았던 작은 보따리를 안고 아직도 고요히 잠들어 계시는 아버지 어머니의 방문을 향해 머리 숙여 나붓이 작별 인사를 하고는 나를 향해 조용히 손을 저으며 돌아올 기약도 없이 정처 없는 길을 떠나고 말았다.

알고 보니 아버지의 금족령에 붙잡혀 두문불출로 갇혀 있

을 동안 고故 박정희 대통령의 생가가 가까운 곳에 도리사桃
梨寺라는 유명한 절간 주지스님이 누님을 여러 차례 찾아와
서 공부하고 싶은 마음에 한이 맺힌 것을 알고 자기가 재단
이사로 있는 서울 불교대학 동국대학에 무시험 추천으로
입학시켜 주겠다는 유혹에 불교대학이면 어떤가? 공부한
다는 기대에 부푼 가슴을 안고 그렇게 떠났던 것이다.

이렇게 누님이 떠나버린 세상이라 나는 주일이 되어도 교
회에 갈 맘도 없고 그때부터 근본 하나님에 대한 깊은 회의
가 생겨서,

"대관절 하나님은 있소! 없소! 나는 솔직히 하나님이 살
아 계신다고 믿어지지도 않지만 누님은 어릴 적부터 수챗
구멍 신자라는 별명 붙은 교인인데 나를 목사님이 되라고
당부해 놓고는 왜! 어째서! 머리를 깎고 중이 되어 간단 말
인가? 정말 하나님이 살아 계신다면 내 누님을 교회에도 못
가게 만들고……."

이렇게 며칠간을 학교도 결석하고 자취방에 처박혀 고민
하고 하나님을 원망하고 교회를 비방하고 욕하다가 두 주
먹을 불끈 쥐고 결심한 것은,

"하나님은 없다, 기독교는 내가 믿을 참 종교가 못 된다.
그렇다면 내가 지금 갈 곳은 한 곳이다. 나도 누님을 따라

간다. 목사가 아닌 중이 된다."

이런 결론을 내리고 보니 더 이상 학교에 갈 필요도 없고 일찍이 누님과 같이 한번 가본 적이 있는 도리사桃梨寺로 가게 되었다.

도리사 주지스님은 누님에 대해서는 안심하라고 타이르면서 매우 친절하게 나를 맞이해 주었다.

그 날부터 입고 갔던 학생복은 벗어 개켜서 보따리에 싸 절간 벽장 속에 숨겨놓고 절에서 내주는 먹물을 들인 중 장삼 옷을 입었다. 절간의 다른 중들과 똑같이 새벽 5시에 아침 공양 낮 12시에 점심 공양, 저녁 6시에 저녁 공양, 하루 세 끼 절밥을 먹으며 주지스님의 개인 지도를 받으면서 불경 공부를 했다. 깨알같이 잔잔한 한문으로 된 어려운 불경 책을 주지스님이 선창하고 나는 따라 읽고 거듭 반복하여 읽고 또 읽으며 하루 한 장씩 반드시 암송도 해야 했다.

그러기를 일주일, 어려운 불경 책을 반이나 읽고 상당한 량 암송도 하였으나 왠지 불경도 염불 주문도 귀에 들어오지 않고 가슴이 터질 것만 같이 답답하고 하나님은 정말 있나? 없나? 하는 의심과 원망이 차서 서럽기만 하고 내가 이 대로 중이 될 것인가? 아니면 지금이라도 이곳을 뛰쳐나가 열심히 공부하여 목사가 되는 것이 내가 가야 할 길인가?

번민했다.

밤이면 잠이 오지 않았고 밥맛이 모래를 씹는 듯 마음이 편치 않았다. 자살을 해버릴까? 나는 죽고 싶도록 괴롭고 답답했다.

그러다가 어느 날 새벽 1시경 나는 잠자리에서 일어나 같이 자던 다른 중들이 깨지 않도록 조용히 벽장 속에 감추어 둔 학생복을 꺼내 입고 맨주먹으로 도리사 절간을 떠나 그야말로 정처 없이 발걸음 가는 대로 새벽 산길을 떠났다.

나는 맨주먹 불끈 쥐고 결심했다.

'이대로 중이 될 수는 없다. 할 줄 모르지만 하나님께 기도 한번 해 보자. 하나님이 확실히 살아 있는지 확인을 하리라. 하나님이 진짜 살아 계신다면 한번 만나 보자. 만나 보지도 못하는 하나님이라면 내가 어찌 믿을 수가 있겠는가? 가자 가보자 하나님을 조용히 만나 기도할 곳으로 가자.'

이런 결심을 수백 번 거듭거듭 되씹으며 걸었지만 갈 곳은 막연했다. 그런 중에 어디든 발걸음 멈추어지는 곳에 주저앉아 엎드리기로 작정했다.

웬일인지 억울하고 서럽기도 하여 엎드려 기도하면 눈물이 주룩주룩 흐르기도 했다. 하늘을 향해 고함도 질렀다.

온 몸에 땀이 흠뻑 젖기도 했다. 도리사에서 새벽 2시경 출발하여 하루 종일 쉬지 않고 계속 걸어서 다시금 밤이 깊어 새벽닭이 울 때가 되었을 때 도착한 곳은 중학교 시절 가을 소풍을 간 적 있는 청암사靑岩寺라는 절간 계곡이었다.

계곡을 따라 자빠지고 미끄러지며 캄캄한 산 속으로 더 이상 갈 수 없는 끝까지 갔다. 뒤에 알고 보니 그곳은 사람의 발걸음은 닿지 않는 곳, 그 당시 그 산아래 경찰관 지서에서 호랑이를 잡았다고 하는 험준한 깊은 산골이었다.

하루 종일 아무것도 먹지도 못하고 물 한 모금도 입에 대지 않았다. 아니 그것은 하나님을 만나 보기 전에는 아무것도 먹지 않는다는 결심 때문이었으리라.

나중에 정신을 차리고 지도를 펴놓고 계산해 보니 그 날 약 200리 길을 걸은 것이었다.

이제 나는 기도 아닌 기도에 들어갔다. 기도라기보다는 하나님 앞에 반항과 발악을 한 것이다. 하나님이 믿어지지도 않았기에 눈을 감지도 않았고 무릎 꿇을 생각도 하지 않았다.

가슴속에는 시한폭탄이 폭발할 것만 같고 너무 억울하고 답답하다 보니 소나무에 머리를 들이받아 피가 흘렀고 땅바닥에 마구로 굴러서 흙먼지를 뒤집어쓰기도 했다.

그때 나는 기도 아닌 기도를 한다고 하며 두 주먹을 불끈 쥐고 하늘을 향해 주먹질을 하고 온갖 입에 담지 못할 욕설을 퍼부었기에 다시금 입에 담고 글로써 남기기가 부끄럽고 죄송하다. 그러나 나는 그때 내가 마구 내뱉은 말들을 그대로 여기 써 본다.

"하나님아! 하나님아! 대관절 있소! 없소? 하나님이 살아 있다면 여기 한번 나타나 보란 말이야! 씨! 이거 왜 이래! 내가 보지도 못하고 만나지도 못하는데 어찌 당신을 믿어? 내 누님은 하나님이 살아 있다고 수챗구멍 신자로 당신을 잘 믿었어! 그런데 왜 저렇게 머리 깎고 중대가리 하러 가게 하느냐 말이야! 이래도 하나님이냐? 이 ×××야! 하나님아! 하나님아! 대관절 있소! 없소?"

이런 식이었다. 만약 그때 누가 옆에서 그 광경을 지켜보기라도 했다면 틀림없이 미친놈, 돌았다 했을 것이다.

이렇게 하기를 여러 날 밤과 낮이 바뀌었다. 3일이 지나니 요구되는 것은 수분, 물 한 모금이었다.

몸 안에 있는 수분이 땀으로, 눈물로, 소변으로, 다 빠져나가니 탈진 상태요 입안에 수분이 마르니 혀가 뻣뻣하고 말이 되지도 않고 뻣뻣한 혓바닥이 입천장에 짝 달라붙었다. 두 손가락을 넣어 잡아 당겨도 떨어지지를 않았다.

하나님아! 하나님아! 하려고 해도 소리가 나오지 않고 어! 어! 어! 하는 소리밖에 나오지 않았다.

말조차 되지 않으니 가슴이 더 터질 듯 답답한지라 주먹으로 가슴을 두들기며 옷을 찢으며 소나무에 박치기를 했다. 불러도 불러도 하나님은 대답해 주지 않았다.

그때 나는 왜 그렇게도 억울하고 울분이 터지고 죽고 싶을 정도로 괴롭고 답답하기만 했을까? 나는 목구멍에서 소리도 나지 않는 외마디 소리로 마구 울었다. 통곡을 했다.

이 세상에 외로이 버려진 것은 나 혼자일 뿐, 의지할 곳 없는 고아, 한 걸음 앞이 보이지 않는 미아라고 느껴졌다.

"하나님! 하나님아! 주여! 날 살려 주시오! 이대로 죽으란 말이오? 이 시간 나 같은 놈도 교회에서 어른들에게 배운 말로 주여! 라고 불러 봅니다. 주여! 주여! 하나님아! 날 살려 주시오! 여기 한번만 나타나 보란 말이야! 씨×"

그러기를 또 몇 날이 갔다. 이제는 울 힘도, 소리 지를 힘도, 서서 펄쩍펄쩍 뛸 힘도 없으니 털썩 주저앉았다. 떼굴떼굴 굴러서 저 아래 개골창에 거꾸로 처박혀 기진맥진해졌다.

죽은 사람같이 되었다.

거의 의식이 분명하지 않은 상태, 거반 죽은 자같이 되어 며칠이 흘러갔다. 낮과 밤이 구별되지 않았고 내가 살았는 지? 죽었는지? 분간이 되지 않았다.

바로 그때였다. 온 천지가 굴뚝 속같이 깜깜하던 시간인 데 갑자기 그 깊은 산골 전체가 대낮같이 밝아짐을 느꼈다. 수천 수만 볼트 전기 조명등을 켜 놓은 것처럼 밝아졌고 마 치 뜨거운 난로 앞에 서 있는 것처럼 화끈화끈한 열기를 느 꼈다.

정신을 차리고 눈이 휘둥그래 뜨여서 쓰러져 처박혀 있던 몸을 일으켜 앉기는 했으나 손발을 움직일 수가 없고 목뼈 가 꼿꼿이 굳어 있어서 상하 좌우로 움직여지지 않았다.

그때 한 2미터 앞에 어떤 분이 나타났다. 발에 끌리는 빛 나는 흰옷을 입고 허리에 번쩍번쩍하는 금띠를 둘렀다. 고 개를 번쩍 들고 그분의 얼굴 용안을 쳐다보고 싶으나 목뼈 가 빳빳하게 굳어 있어서 허리 이상을 보지는 못했다. 순간 '이분이 바로 예수님이시다. 진짜 하나님이 내게 나타나 셨다. 그런데 이제 나는 죽었구나!'

이 생각이 들면서 다시 의식을 잃고 기절했다. 지금까지 하나님이 없다고 믿어지지도 않았기에 하나님을 향해 주먹 질을 하고 입에 담을 수 없는 욕설을 퍼부었던 내 행동을 생각하니 진짜 하나님이 살아서 여기 내 앞에 나타나셨으니 나는 이제 죽었구나. 무서움과 두려움 속에 나는 부들부들 떨고 있었다.

이때에 그분이 성큼 내 앞에 다가서서 쓰러진 나를 일으키시더니 내 머리에 그분의 손을 얹으시고 아주 부드러운 음성으로

"사랑하는 종아! 내가 너를 사랑한다. 이제부터 네가 무엇을 구하든지 내가 다 들어주리라."

그 순간 나의 온몸이 불덩어리가 되었고 빳빳이 굳어 있던 몸이 다 풀렸다. 뒤에 정신을 차리고 보니 내 손톱 발톱이 새까맣게 타 있었다. 불덩어리가 된 몸을 펄쩍펄쩍 뛰면서

"주여! 감사합니다. 감사합니다. 저 같은 놈을 용서하시고 이렇게 직접 나타나시니 감사합니다. 지금까지는 몰라서 그랬습니다. 믿어지지가 않았습니다. 이제 저는 확실히 믿습니다. 저는 주님의 종입니다. 목사가 되겠습니다. 목사가 됩니다. 주여! 나를 목사로 만들어 주소서! 주님의 종 목사가 되겠습니다."

이제는 슬퍼서 억울해서가 아니라 주님을 직접 만나 축복 안수를 받은 감격과 감사와 기쁨의 눈물이 펑펑 쏟아졌다. 몇 시간을 울며 웃으며 펄펄 뛰며 기뻐하였는지 날이 밝았

고 빽빽한 노송나무 사이로 아침 햇살이 내 얼굴을 비쳤다.

주님은 언제인지 사라지셨고 어디서 그런 힘이 솟구치는지 나는 펄쩍펄쩍 춤을 추며 산을 내려오니 증산면 소재지 마을로 내려왔다. 이른 아침인데 면사무소 담벼락에 문둥이(나병환자)로 보이는 거지가 웅크리고 노숙을 하는지라 나도 모르게 저 거지에게 주님의 이름으로 기도하면 문둥병이 고쳐질 것 같은 생각이 들었다. 살금살금 가까이 가서 사방을 살펴보니 아무도 보는 사람이 없었다. 아직도 자고 있는 그 문둥이 머리에 손을 얹고,

"예수님 이름으로 예수님 능력으로 문둥이 병이 고쳐져라!"

한 마디 기도를 했는데 나도 놀랐다. 순간 문둥이 병이 고쳐졌다. 일그러진 코가 되살아났고 비뚤어지고 떨어져나간 손가락이 정상으로 살아났다. 이 거지가 좋아서 펄쩍펄쩍 뛰고 있을 때 나는 누가 볼까봐 겁이 나서 황급히 그곳에서 도망을 쳤다.

산 속에서 주님이 머리에 손을 얹으실 때 내 몸이 불덩어리 같이 되면서 병을 고치는 신유은사 능력이 내게도 주어졌구나 하는 것을 실감하게 되었다.

그 후에 고침 받은 문둥병자가 신문에 광고를 실어 나를

찾고 있었다.

「다 떨어진 학생복에 장발족 머리를 한 18세 정도의 남학생을 찾습니다. 찾아주시는 분에게는 후사하겠습니다.」

나는 광고를 보았으나 겁이 나서 끝까지 나타나지 않고 숨겼다. 후에 거슬러 올라가며 날짜를 계산해 보고 안 것이지만 도리사에서 새벽에 떠나던 날이 주일 새벽이고 청암사 꼭대기 험악한 산 속에서 주님을 만난 그 날이 또 주일 새벽이었으니 만 7일간 단식을 했고 몸 안에 수분이 다 빠져나가 탈진상태이지만 어디서 그런 힘이 솟구쳤는지 모른다. 가벼운 발걸음으로 우쭐우쭐 어깨춤을 추면서 오르막 30리 내리막 30리라는 증산고개, 아흔 아홉 고개를 넘어서 산밑에 조그만 마을에 교회가 하나 보여서 너무 반가워 그 교회를 찾아가 문을 열고 들어가 혼자 기도를 했다.

그 교회는 주일예배를 마치고 교인들이 다 흩어진 바로 그 시간에 내가 들어갔으니 텅 빈 교회 안에 나 혼자였던 것이다. 조용히 기도하고 가려 했는데 그만 나도 모르게 기도에 불이 붙었다. 나 자신도 뭐가 뭔지 몰랐지만 성령의 불이 붙었던 것이다.

앉아 있는 자세로 펄떡펄떡 뛰면서 예배당이 떠들썩하게 큰 소리로 기도가 되었으니 사택에서 이 소리를 듣고 그 교회를 지키던 나이 많으신 할머니 전도사님이 나와 보니 다 떨어진 학생복에 얼굴은 호랑이 가죽같이 얼룩얼룩하고 긴 머리카락은 마구 흩어져 있고 어느 모로 보아도 이는 틀림 없이 거지 중의 상거지인데 어디서 저런 기도가 터져 나오는가?

"이 사람은 불 받은 주의 종이다. 특별한 은혜자, 은사자다. 이분이 우리 교회에 온 것은 하나님이 보내주신 것이다."

하며 옆에서 기다리다가 기도가 끝나자 나를 덥석 안은 채,

"당신은 은혜 받은 주의 종입니다. 오늘밤부터 우리 교회가 부흥회를 하겠습니다. 물론 당신이 강사님이십니다. 우리 교회가 불이 붙겠습니다."

하며 나를 사택으로 데리고 가서 오래 동안 단식 금식 중인 것을 알고 보호식 콩나물죽을 끓여 국물부터 먹게 해주었고 큰 물통 그릇에 물을 따뜻이 하여 부엌에서 목욕도 하게 해주며 옷도 갈아입도록 해 주었다.

이 할머니 여 전도사님이 온 동네를 다니며 저녁 부흥회에 와보라고 선전을 하여 30여 명 동네 분들을 불러 모으고 나를 억지로 강단에 밀어 올리고 부흥회 설교 말씀을 하라

는 것이다.

"전도사님 설교를 아무나 하는 겁니까? 나 할 줄 모릅니다. 한번도 설교는 해본 적이 없습니다. 못 합니다."

하고 강단에서 내려오니 전도사님은,

"당신은 주의 종이십니다. 하나님의 특별 사자입니다. 말씀은 하나님이 주십니다. 주시는 대로 전하십시요! 그리고 여기 모인 모든 분들 모두가 몸에 병이 있습니다. 당신이 기도하면 모든 병자가 고쳐질 것입니다."

하며 다시금 강단에 밀어 올리는 것이었다. 정말 하나님이 그 시간 말씀을 주시는데 나 자신도 너무나 신기했다. 내 입에서 설교 말씀이 줄줄 나오는 것이 아닌가?

그때 전한 말씀을 나는 지금 한 마디도 기억할 수는 없다. 그러기를 계속하여 수요일 밤까지 부흥회를 한다고 했으니 그것이 바로 나의 부흥회 역사 중에 18살 어린 나이에 인도한 제1회 부흥회였었다.

예배를 마치면 몇 안 되는 교인들이 은혜 받았다고 눈물을 줄줄 흘렸고 처음 나온 마을 분들도 너무 좋아하며 예수를 믿겠다고 결심들을 했다.

그 자리에 꿇어앉아 그 전도사님이 시키는 대로 한 사람 한 사람 기도를 하는데 온갖 병들이 고쳐지는 것을 경험했다.

지금 기억나는 것은 어느 할머니의 속앓이병(지금의 담석증), 허리 요통(지금의 허리 디스크), 관절염, 어느 할아버지의 중풍병, 어지럼증, 두통, 꼬부랑 할머니 등 많은 병들을 기도하는 대로 하나님께서 고쳐 주시니 말 그대로 기적과 능력의 부흥회가 되고 말았다.

마을에서 처음으로 교회에 와 본 사람들도 병 고침을 받으니 예수님을 믿기로 결심하게 되어 지금 기억에 30여 명이 교회에 새로 나오게 되기도 했다. 교회가 있는 그 마을은 거의 몽땅 교인이 된 셈이다.

설교가 무엇인지? 누가 어떻게 해야 하는 건지? 아무것도 모르면서 할머니 전도사님이 시키는 대로 설교도 했고 부흥회 강사도 했다. 순전히 하나님의 은혜요 하나님의 축복이었다.

며칠 동안 쉬면서 전도사님을 통해 어머니의 사랑도 받으면서 지냈다. 전도사님이 사주신 새 교복을 입고 20여 일 무단 장기 결석을 하던 학교에 갔다.

그 동안 학교에서는 나의 자취방에도 방문을 했고 부모님이 계시는 집에도 가정방문을 했으나 아무도 나의 행방을 알지 못했다. 집에서는 잃어버린 아들을 찾는다는 신문 광고를 하는 등 나를 찾느라 야단법석을 떨었었다.

걱정을 하며 야단을 치는 담임선생님 앞에서 나는 이렇게 말했다.

"학교 공부 세상 공부는 마귀 공부입니다. 저는 지금 진짜 진리공부를 하고 있습니다. 저는 성경공부만 할 것입니다. 저는 목사가 되어야 합니다."

그때도 나의 책가방 안에는 성경 찬송만 넣고 있었던 것이다. 선생님은 나를 걱정하여 꾸지람도 하시고 간곡히 타이르시기도 했다.

"오명근! 네가 성경을 공부하고 장차 목사가 된다는 것은 좋다. 그렇게 하라, 그러나 지금은 무엇보다도 고등학교 과정을 성실히 공부해야 한다. 너는 앞으로 서울대학에 톱으로 합격할 것을 우리 학교가 기대하고 있다. 너는 충분히 해낼 수 있다. 앞으로 목사가 되더라도 고등학교도 제대로 공부 안 하고 목사 되는 것과 서울대학을 졸업하고 목사가 되는 것 비교해 보아라 하늘과 땅의 차이가 있을 것이다. 어리석은 놈! 네가 왜 이렇게 까지 망가졌니?"

선생님의 말씀은 백 번 옳았다. 반드시 그래서야 했었다. 그러나 나의 머리 속에는 선생님의 가르침이 마이동풍(馬耳東風)이었다.

학교 결석은 부자 밥먹듯 했고 책가방 속에는 언제나 성경 찬송만이고 학교에 가다가도 어느 교회 부흥회 포스터만 보면 며칠이고 금식하며 부흥회 교회에 붙어 있었다. 나의 아버지는,

"이놈 명근이가 결국 예수에 미쳤구나! 이놈 머리가 좋다고 어떻게 해서라도 의과대학에 공부시켜 의사를 만드는 것이 나의 꿈이었는데 이놈이 그만 미쳤어! 이놈 너는 내 자식이 아니다. 신체발부는 수지부모라身體髮膚 受之父母. 이놈아 네가 믿는 하나님은 이렇게 가르치더냐? 부모의 기대를 저버리고 네가 목사 되는 것 그것밖에 길이 없다는 말이냐? 당장 내 집에서 나가라! 너는 내 자식이 아니다."

그래서 나는 아버지 집에서 쫓겨나왔다.

그때는 아버지가 쫓아내면 쫓겨나가야 했다. 만약에 나가지 않거나 몰래 집에 숨어 있도록 어머니가 숨겨 주다가는 집안에 큰일이 난다. 아버지는 무서운 분이며 과격한 성격이셨다.

온 집안 살림살이는 도끼로 괭이로 모두 부서지고 만다.

이런 일이 한 두번이 아니고 보니 그래서 당시에 집안에는 살림살이 가재도구가 온전히 성한 것이 없었다.

집에서 쫓겨난 나는 갈 곳이 없었다. 대개는 교회에 가서

기도하고 잠자고 쓰러져 있을 때가 많았고 친구의 자취방을 몇 번씩 꼽살이 끼기도 했다. 해가 져도 갈 곳이 막연하면 으슥한 시장 골목 처마 밑에서 밤을 새기도 했으니 요즘의 말로 한다면 나는 그때부터 노숙자의 경험을 했던 것이다.

그때 나 혼자 울며 흥얼대던 노래가 있다.

(울밑에선 봉숭아 곡으로)

1.산 여우도 굴이 있고 나는 새도 집 있건만
　우리 주님 세상에서 방 한 칸도 못 가지고
　아픈 다리 이끄시며 이리저리 다니셨네

2.고대광실 높은 궁궐 우리 주님 원치 않고
　죄인들의 심령 속에 거처 삼기 원하시니
　주여 주여 오십소서 주님 환영하나이다

제2부

기독교 예수교 오로동 기도소

고등학교 3학년은 예수에 미치고 교회 부흥회에 미쳐서 학교에 등교한 날보다 결석일 수가 훨씬 많았다. 마지막 졸업시험에도 학교에 가지 않았고 졸업식에도 나가지 않았고 담임선생님이 집에까지 찾아오셔서 졸업장과 성적표를 전해 주셨는데 보나마나 성적은 낙제 점수였다.

고등학교 2학년까지는 공부를 잘해서 언제나 학급에서 1등이었고 학년 전체에도 항상 수석이라 학교에서 성적 특대 장학생의 대우를 받았고 서울대학에 톱으로 합격시켜 학교의 명예를 날려 보자고 하여 이훈웅 교장선생님이 특별 개인지도를 했던 나였는데 이렇게 나의 생애에 주님을 만나 목사가 되겠다는 서원을 함으로써 크나큰 변동이 있었던 것이다. 내 인생이 이렇게 뒤집어졌던 것이다.

장차 목사가 되려면 목사 되는 학교, 신학교에 가야 한다는 말을 듣고 담임선생님을 찾아가 상담을 하니 선생님이 내놓는 전국의 신학대학 명단에서 희망하는 신학교를 골라라 하셨는데도 사실 그때에 어느 신학교에 가야 할지 아무것도 몰랐다.

그 무렵 나는 지금 한국 침례교회에서 제일로 손꼽히는 부흥사 오관석 목사님이 침신을 막 졸업하고 전도사로 시무하시던 교회에 출석하고 있었고 그때에 침례교회에서는 중고등부 학생회를 '왕의 R.A 사신회'라 했는데 내가 그 왕의 사신회 회장이었다. 오관석 전도사님의 가르침을 받아 입학원서를 내기로 한 학교는 한국신학대학이었다.

지금 알고 보면 기장基督敎長老會 신학교지만 그때로는 교파에 대해서도 아무것도 모르는지라 그대로 한국신학대학의 원서를 사서 담임선생님이 원서를 써주셨으나 보호자 학부형인 아버지가 결사반대로 도장을 찍어 주시지 않으신다.

의과대학에 보내려는 아버지의 뜻을 져버리고 기어이 목사가 되겠다는 나의 생각을 아버지의 힘으로 막아 버린 것이다. 결국 그 해에 신학교 진학을 못하고 아버지로부터,

"너는 내 자식이 아니다. 당장 내 집에서 나가라."

라는 호령이 떨어져 집에 들어가지도 못하고 교회에 틀어박혀 울기도 하고 기도도 하다가 아버지 몰래 밤중에 뒤 골방에 숨어들어 새우잠을 자고는 날이 새면 또 집에서 빠져나오곤 하던 중에 국민학교 교장이시던 아버지가 두메산골 버스에서 내려 20리를 걸어서 들어가야 하는 조그마한 학교로 전근이 되셨다.

당시 아버지의 동료 교장 중에 고故 박정희 대통령의 국민학교 담임선생이었다는 분이 있었는데 이분이 술자리에

서 취중에 "박정희 그놈아이가" 운운하며 쓸데없는 말을 지껄인 것이 국가원수 모독죄로 몰려 구속이 되어 나의 아버지께서 이분의 구명운동을 적극적으로 펼치시다가 같이 몰려 좌천되어 전기도 전화도 없는 그곳 오로국민학교로 미끄러지신 것이다.

1957년 1월 4일 아버지의 이삿짐과 함께 이곳 선산군 장천면 오로동에 도착하였는데 그 날이 바로 수요일이라 이삿짐을 풀어야 하는 일도 제쳐놓고 마을에 들어가서 알아보니 교회가 없는 곳이었다.

당장에 수요일 예배를 드릴 곳이 없어 몇 군데 물어보고서 그 마을에 예수 믿는 집이 있다 하므로 그 집 월포댁 집을 찾아가니 연세가 80이신 할아버지와 66세 며느리 월포댁이 아들 자부 어린 손녀 함께 사는 집이었다. 할아버지께 엎드려 큰절 인사를 드리고,

"할아버지 집안 식구들이라도 모으고 여기서 수요일예배를 드립시다."

했더니

"나는 못해! 젊은이 당신이 예배를 해봐."

하셨다.

나도 예배를 인도해 본 적이 없으니 난감한 일이었다. 하

는 수 없이 예배를 시작했으나 그 할아버지도 월포댁도 기도를 못한다 하니 나 혼자서 우물쭈물 예배를 드렸는데 그것이 그래도 그 마을에 교회가 세워질 첫 예배가 되었던 것이다.

이렇게 하여 주일 낮 예배는 20리를 걸어서 상림교회(지금은 합동측 장로교회)에 가고 주일 저녁예배, 수요일 예배는 월포댁 할아버지 사랑방에서 예배를 드리면서 할 줄도 모르지만 누가 임명해 주지도 않았지만 하나님이 함께 하여 주셔서 '오 선생님, 오 전도사님' 소리를 들으며 예배인도를 하였다.

그러기를 두 달이 지나 3월에 그 마을에 교회를 개척 설립하자고 뜻을 모았다. 그러나 어떻게 해야 하는지 막막한 일이었다.

마침 월포댁의 큰딸이 예수님을 믿는 의사에게로 시집을 가서 상림교회와 반대방향으로 30리를 산 넘고 강을 건너가면 거기 군위(軍威)라는 군 소재지가 있는데 거기서 병원을 개업하여 있으면서 군위성결교회의 집사가 되어 있었다.

고향 친정댁 마을에 교회가 세워진다고 하니 교회의 목사님께 간청을 하여 그 군위성결교회에서 교회를 개척 설립할 수 있는 땅 대지를 지금 그 가격은 기억되지 않으나 380

평의 대지를 구입하도록 도와 주셨다.

그 380평 대지에 오래 된 빈집 고가 초가집에 방 하나 부엌하나가 있었는데 그 방을 청소하고 손질하여 예배당으로 사용하게 되었다.

많지는 않으나 6,7명이 모여서 예배를 드리고 새벽기도도 했다. 이렇게 교회 아닌 교회가 되고 보니 무엇인가 교회라는 표시로 간판을 써 붙이고 싶은데 무엇이라 할지 몰라 주일 낮 예배를 나가던 20리 밖 상림교회 어른 장로님을 찾아가 오로동 에 교회를 개척 설립하게 되었으니 교회 간판을 무엇이라 써야 하는지를 물었다. 그 장로님은,

"노회의 허락을 받기 전에는 교회라는 말을 붙일 수가 없네."

하시는지라 그러면 어떻게 해야 하나 또 물으니,

"교회라는 명칭을 허락 받기 전에는 기도소라 하지."

하셨다. 그 마을이 오로동이니 '오로동 기도소'는 되었는데 교회마다 간판에 작은 글자로 기독교○○○ 혹은 예수교○○○ 라고 쓴 것을 본 터라 그것이 그 교회가 속한 교단 교파 표시인 것은 전혀 몰랐던 나는 나름대로 결정을 내렸다. 그리고 내 손으로 첫 간판을 써 붙였다. 그것이 바로 '기독교 예수교 오로동 기도소'였다. 그때 그 간판 달린 초가집 예배

당 사진을 보면 우습기 짝이 없다.

 그토록 나 자신이 아무것도 몰랐던 것이다. 서둘러서 흙벽돌을 찍어 초가 지붕으로 15평 교회를 건축하기로 하고 마당 한쪽에 땅을 파서 이웃집에서 볏짚을 얻어다가 작두로 썰어서 넣고 물지게로 개울물을 져다 부어 흙을 이겨 놓고 흙벽돌 틀을 빌려와서 흙벽돌을 찍기 시작했다.

이 작업을 같이 해줄 교인도 없고 누가 도와줄 사람도 없어 혼자서 흙일을 하는 것이 얼마나 힘들었는지 말로는 다 표현할 수가 없었다.

6,7월 긴긴 해에 너무 덥고 힘이 들어 옷을 다 벗어제치고 팬티 하나만 걸치고 전도사의 체통 같은 것은 생각지도 않고 끙끙 일만 했다. 먼저 찍은 흙벽돌은 마당 공터에 줄지어 늘어놓고 하루 이틀 말린 것을 몇 번씩 뒤집어 주고 하는 동안에 며칠이 지나 다 마른 것은 마당 한쪽에 쌓아 올린다.

벽돌이 100장 200장 쌓아질 동안 비가 와서 하룻밤 사이에 수백 장이 콩죽같이 뭉그러지기도 하고 쌓아 놓은 것이 와르르 무너져서 부서지기도 했다. 그러면 다시 물을 붓고 짓밟아 벽돌 찧기를 다시 해야 한다.

교인이라고 있는 한 집이 내가 힘드는 흙일을 하는 동안 열심히 먹을 것과 식사를 해서 날라주더니 그도 막내딸이 서울에서 대학을 다니고 있어 나를 사위를 삼겠다고 욕심을 부리다가 내가 꿈쩍도 않으니 들어주지 않는다고 밉다고 괘씸하다고 먹을 것을 더 이상 주지 않았다.

가까운 국민학교 교장 사택이 내 부모가 계시는 내 집이지만 이미 아버지로부터 '너는 내 자식이 아니다, 내 집에 들어오지 말라, 저놈이 들어오더라도 밥을 주지 말라'고 추방명령이 떨어져 있고 아버지의 명령은 얼마나 무서웠던지 만약에 어머니가 아버지 몰래 내게 밥이라도 준다면 아버지는 당장에 도끼로 밥솥 밑구멍을 박살을 내는 그런 격하고 무서운 어른이었다. 그래서 어머니도 하고 싶은 말도 못하고 내게 먹을 것도 줄 수가 없었다.

그 힘드는 흙벽돌 찧는 일을 하면서 너무너무 배가 고팠고 물만 자꾸 마시다가 허기증으로 기도소 초가집 처마 밑에 몇 시간이고 허기증으로 쓰러져 정신을 잃은 적도 한두 번이 아니었다.

한번은 해가 지고 깜깜한 밤이 되도록 흙일을 하다가 너무 배가 고파서 '길을 두고 산으로 못 간다'는 속담이 생각나서 그래도 내 아버지 집인데 하고 밤중에 밥을 훔쳐먹으려고 아버지 집에 찾아갔다. 논두렁길로 해서 집 가까이 가면 집에 누렁이라는 큰 개를 먹였는데 이 누렁이가 나의 발자국 소리를 듣고 꼬리를 흔들며 반갑다고 달려나온다.

도랑가에서 이 누렁이의 마중을 받으며 너무 설움이 북받쳐

"누렁아! 내 아버지 어머니는 나를 쫓아내었으나 네가 나를 알아보고 이렇게 마중을 나와주는구나!"

하며 그 누렁이를 안고 실컷 울기도 했다.

집에 몰래 들어가서 닫혀 있는 부엌문을 열려고 하면 두꺼운 널빤지 두 쪽으로 된 문이라 이 문을 열면 유난히도 삐그덕 소리가 크게 났다. 나는 문짝 하나를 배에 붙여 두 팔로 안아 올리며 조금씩 소리가 나지 않게 그 문을 열고 들어가 찬장 문을 열어 보면 대개는 어머니가 몰래라도 내가 와서 밥을 먹으라고 밥 한 그릇을 담아 두신다.

그럴 때는 숟가락도 필요 없고 반찬도 눈에 보이지 않았다. 맨손으로 얼른 퍼먹고 돌아 나오면 그래도 굶주린 뱃속

에 밥 한 그릇을 넣었으니 너무 만족하고 기뻐서 '하나님! 감사합니다' 하며 기도소 교회로 돌아왔다.

어떤 날은 늦게 손님이 오거나 하여 찬장 안에 담아둔 내 밥이 없을 때가 있다. 그때는 너무 배가 고파 밥을 훔쳐먹으려고 왔다가 그냥 돌아설 수가 없어 이튿날 아침밥을 지으려고 미리 삶아서 소쿠리에 담아 매달아둔 그 보리쌀 소쿠리를 찾아 설익은 보리쌀을 몇 주먹 움켜 먹고 돌아오기도 하는데 어느 날은 그것조차 먹을 것이 없어 굶주린 창자를 움켜쥐고 힘없이 돌아 설 때는 눈물이 저절로 쏟아지기도 했다.

이것이 배고픈 사람의 설움이며 아버지 어머니가 너무 나를 몰라주신다 하는 괴로움의 눈물이었을 것이다.

그 후에 몇 달이 지나면서 7,8명 교인이 생기고 교인들이 성미를 하게 되어 시장에 가 간단한 자취도구를 장만하고 석유 곤로도 마련하였다. 배고플 때는 내 손으로 해 먹으니 허기를 만나 쓰러지지는 않았으나 제대로 하루 세 끼 밥 해 먹은 일은 거의 없었다.

흙벽돌을 모두 몇 장이나 찍었는지 잘 모르겠으나 동네 사람들이 지나다니면서 그만하면 될 것 같다 하므로 벽돌 찍는 일은 중단하고 이제는 집 지을 본격적인 준비도 공사도 해야만 했다. 어떻게 집을 지을까? 설계도도 없었다.

종이를 내어놓고 연필로 내가 짓고 싶은 교회를 그렸고 대략의 공사 계획을 해보았다.

1) 교회 건평은 4평(24자)×6평(36자)＝24평으로 한다.

2) 사방을 돌아가며 2자 폭에 4자 깊이로 기초를 파서 돌 과 자갈을 다져 넣어 기초공사를 한다.

3) 건물 높이는 4m 정도로 하고 한쪽에 4개씩 양쪽 8개의 창문을 낸다. 벽을 쌓아 올리기 전에 문틀을 미리 만들어 놓아야 한다.

4) 앞쪽 출입구 문은 4자×8자 문을 가운데 두 짝을 모아 붙인 여기에 맞는 큰 문틀도 미리 만들어 놓는다.

5) 출입구 문 위에는 물받이 처마를 넓게 붙인다.

6) 건물 뒤쪽에는 사방 8자 정도의 방 하나와 부엌을 만든다.

7) 벽을 다 쌓은 다음은 위쪽에 돌아가며 나무를 깔아서 나중에 지붕을 만들 때에 서까래를 고정시키도록 해둔다.

8) 큰 나무로 대들보, 대들보를 받쳐줄 엇보 3개, 대들보 위에 4자 높이로 용마루 얹을 나무, 서까래 간격 1자로 하여 양쪽에 72개 앞뒤에 지붕이 좀 나가야 하니

4개 더하여 76개에 뒤편에 방을 만들려면 10개와 앞쪽 서까래를 준비해야 한다.

9) 지붕은 동네 집집마다 다니며 짚을 구걸해서 이엉을 엮어 용마루를 틀어 초가집으로 한다.

10) 이렇게 많이 드는 목재 일체를 어디서 어떻게 구입하며 장만하겠는가?

이것이 문제였다. 돈주고 구입한 것은 대들보, 엇보, 용마루 목 등 큰 것 몇 개뿐이고 대다수는 밤에 몰래 남의 산, 이 산 저 산 다니며 훔쳐온 것들이었다.

어느 때는 서까래용으로 산에서 몰래 소나무를 베다가 산임자에게 들켜서 붙잡혀 곤욕을 치르기도 했으나 그럴 때는 그만 땅바닥에 무릎을 꿇고 엎드려 엉엉 울면서,

"어른요! 아니 아저씨예! 내가 이 나무 베다가 무엇하겠습니꺼? 이 마을이 복 받을 하나님 교회를 짓고 있습니더. 아저씨! 이 나무가 교회를 짓는 데 쓰여지면 아저씨 복 받십니더."

하고 사정사정 하면 어느 때는 사정없이 내 뺨을 후려 때리는 사람도 있으며 산 임자에게 몽둥이로 맞아 코피를 흘리고 허리를 다친 적도 있어 지금까지도 종종 허리가 아플 때도 있다.

대개는 "이 사람 젊은이! 이 나이 어린 사람이 어쩌면 이렇게도 훌륭한 일을 한단 말인가? 이보게! 저 중평마을에 교회를 짓고 있는 것을 나도 보았다네! 내게 말하면 내 손으로 이 나무 베어다가 갖다 주기도 했을 거야. 걱정 말게! 필요하면 얼마든지 갖다 쓰게나! 교장선생님 아들이신데 뭐 생기는 것 있다고……"

생각 밖에 이런 말을 들을 때는 그 자리에 무릎을 꿇은 채로 두 손 모아 하나님을 우러러 "오! 하나님! 감사합니다" 하며 감사와 감격의 눈물을 흘리기도 했다.

본격적으로 교회를 건축하는 공사며 갖가지 겪어야 하는 어려움을 여기 다 기록할 수는 없다. 나 자신 집을 지어본 적도 없고 집 짓는 일을 가까이서 보지도 못했다.

그러나 일을 하나하나 해놓고는 그 때마다 나 자신도 놀랄 만큼 하나님께서 함께 해 주셔서 목수가 아니면서 훌륭한 목수 일을 다 했고 토수 일, 미장이 일, 석공 일, 방에 구들장 놓는 일, 모두를 거의 혼자 손으로 해내었다. 기적 같은 일이다.

한번은 그 무섭고 엄하신, 내게 자식도 아니라고 추방 명령을 내리셨던 아버지가 어머니를 시켜 나를 불러다가 '저

놈 밥 주어라! 이제부터는 밥 때가 되면 꼭꼭 와서 밥을 먹고 너 하는 일을 해라' 하는 말씀을 듣게 되었다.

아버지께서 가정방문으로 이웃마을에 가서서 학부형들을 만나 술대접을 잘 받고 학부형들로부터 나에 대한 칭찬의 말을 많이 듣고 돌아오시는 길이었다.

"교장 선생님! 참 훌륭한 아드님을 두셨습니다. 그 나이 어린 사람이 지금까지 아무도 하지 못한 저 별난 마을 중평 마을에 교회를 개척 설립하는 일을 어쩌면 그리도 잘 한단 말입니까? 참 훌륭한 아드님이십니다."

그래도 아들이 훌륭하다고 극구 칭찬하는 말을 들은 아버지로서의 심정이 그리 나쁘지는 않으셨는지 일부러 마을 한복판으로 해서 내가 교회 건축의 일을 하고 있는 현장으로 밤늦게 지나가신 것이다.

그때는 교회 건물을 지을 만큼 흙벽돌을 다 찍어놓고 임시 예배실로 사용하던 오래된 초가집을 뜯어내는 일을 밤늦게까지 혼자서 하고 있었다.

집 지은 지 150년이 되었다 하는 오래 묵은 초가집이라 지붕을 뜯어내는 일에 시커먼 그름 먼지가 얼마나 나오는지 온 동네 사람들이 싫어하여 일부러 밤중에 그 일을 하게 되었다.

 그때는 제대로 밥을 얻어먹지 못하던 때라 배가 많이 고팠고 지붕 위에서 그름 먼지가 발이 푹푹 빠지는 그것을 뜯어 쇠스랑으로 파서 끌어내리는 일이 매우 힘들었다. 옷을 훌떡 벗어 던지고 팬티 차림으로 새까만 깜둥 강아지처럼 해서 우는 것인지? 찬송을 부르는 것인지? 무엇인가 구슬픈 소리를 혼자서 흥얼대는 아들의 소리를, 담벼락 밑에 서서 한참이나 쳐다보고 들으시던 아버지께서 눈물을 흘리셨다는 것이다. 그래서 그 이튿날 어머니를 보내셔서 나를 불러 가신 것이다.

 "내 아들아! 명근아 이놈아! 내가 진정 네가 미워서가 아니다. 네 누나는 하고 싶은 공부를 못해서 집을 나가도 내가 학교 공부를 못 시켰는데 너는 머리가 좋아 의과대학 공부를 시켜 장차 의사를 만들려고 아버지는 허리끈 졸라매어 가며 너를 힘들여 고등학교까지 공부를 시켰건만 네가 이 아버지의 뜻을 져버리고 목사가 되겠다고 학교 공부를 포기하니 아버지는 너무 실망이 되었다. 어젯밤에 네가 일하고 있는 그 현장을 보면서 네가 네 나름대로 하고자 하는 일을 하고 있다고 생각이 되고 너의 그 힘있는 신앙심에 내가 감동을 받았다. 이제부터는 네가 하는 일, 네가 가고자 하는 길을 절대로 막지 않겠다. 너의 소신대로 일해라. 그리고 때가 되면 꼭꼭 와서 밥을 먹고 일해라!"

이렇게 말씀하신 아버지가 어머니를 보시며 말씀하신 것은,

"여보! 우리도 저놈이 하는 일 도와줍시다. 우리도 예수 믿어야 되겠구려! 이제부터 당신이 교회에 가시오, 저놈 먹을 것 좀 챙겨 주어요!"

하셨다. 아버지의 이 말씀을 듣는 순간 그 동안 쌓였던 설움이 봇물이 터지듯 터지고 말았다. 무릎을 꿇고 눈물만 흘리던 내가 나도 모르게 방바닥에 엎드려 "아버지!" 하며 엉엉 울고 말았다.

그 시간은 아버지도 우시었고 어머니도 소리내어 우시었다. 예수 신앙의 승리였다.

그 일 후로 어머니가 교회에 나오셨고 내 먹을 것을 챙겨 주셨고 때로는 내가 하는 교회 일도 거들어 주셨다.

거의 일년이 걸려서 아직 마루를 깔지도 못하고 가마니를 타 벌려 바닥에 펴고, 창문을 달지 못해 창문틀에 칠기 넝쿨을 걷어다가 이리저리 얽어서 문 종이를 발라 놓았고, 출입구 문은 임시로 가마니 두 장을 타서 연결해서 위쪽에 못으로 고정시키고 둘둘 말아 올리고 내리도록 해놓고, 예배를 인도할 때 설교를 한다고 할 때, 앞에 두는 강대상이 없

어 산에 가서 쪽 곧은 말뚝 나무 몇 개를 베어다가 네 기둥 세워 아버지 집에서 홑이불 훔쳐다 둘러치고 책을 놓는 강대상 바닥은 칠기넝쿨로 이리저리 묶어 문종이 신문지 등 여러 번 풀칠해서 말려서 따당따당 하고 장구소리가 나도록 해서 사용했고, 전기가 들어오지 않는 마을이라 석유등 램프 불을 여러 개 메달아 놓고 이렇게 하여 새 예배당에서 예배를 드리게 되었다.

일하는 중 연장에 베이고 큰돌에 끼여서 좌우 양손 두 손가락이 손톱이 찌그러진 병신 손이 되었고 장갑도 끼지 않은 채 맨손으로 오래 동안 흙을 만지는 일을 하다 보니 손이 닳아서 손바닥 안쪽으로 여러 군데 터져서 피가 났다.

지붕에 흙을 덮는 알매 치는 일은 온 동네 사람들이 모두 나와서 함께 일해 주기도 했고 짚으로 이엉을 엮어 지붕을 덮을 때에도 동네 사람들이 도와주었다.

교인 중에 나와 나이가 같은 추○○씨란 처녀가 있었는데 나와 관계에 있어 처녀, 총각이라는 것 때문에 그가 오해를 받기도 하고 미움을 사기도 했으나 진정으로 나를 주의 종으로 교역자로 섬기고 도와주었다.

그를 통해 남 모르는 용돈 도움도 받았고 혹시 내가 외지에 출타를 하거나 하면 언제나 내 여비를 여행경비를 봉투

에 넣어 밤새 강대상 위에 갖다 놓았다. 참으로 고맙고 감
사하였다.

그는 지금도 믿음생활을 잘하고 있으며 내가 중매하고 주
례를 하여 결혼하고 대구 상동에 있는 큰 교회 권사님으로
충성하고 있고 온 가족 형제 모두가 장로, 권사, 집사로 신
앙생활 특별히 잘 하고 있고 그때에는 두세 살 어린이였던
막내 동생 추수엽은 목사님이 되어 경북 구미에 있는 큰 교
회 성결교회의 박사 목사님이 되어 있다.

큰 부자의 축복과 건강의 축복, 가정 합심의 축복 다 받았
으니 나는 지금도 이 추 권사를 보면서 주의 종 교역자를
잘 섬기는 성도는 반드시 저렇게 복을 받는구나 하는 산 체
험을 하였다.

이제는 교회에 30여 명 교인들이 모이는지라 비록 가마
니를 펴고 앉아 예배를 드리지만 제법 교회처럼 모습을 갖
추고 있었다.

어느 수요일이다. 30여 명 교인들이 모였다. 바깥은 비
를 뿌리고 바람이 심했기에 창문 대신 문 종이를 발라 놓은
것이 비바람에 여러 군데 떨어져서 펄럭이게 되어 켜놓은
석유램프 등이 몇 군데 불이 꺼지고 강단 앞에 있는 등은
예배를 인도하는 내가 손으로 가리 운 채 설교라고 하고 있

었다.
바로 그때 희미하게 보이는 저 뒷자리에 누가 들어와서 담배를 뻑뻑 피워댔다. 조그만 예배당 안이 금방 담배 냄새로 진동했다.

설교를 멈추고 자세히 보니 추○○이라는 사람이었다.

'아하, 저 사람이 또 나를 괴롭히려고 왔구나!'

하는 생각이 들었다. 그는 키도 크고 인물이 준수한 청년이다. 고등학교를 졸업하고 대학에 못 간 것이 한이라 그 마을 그 지역에서 손꼽히는 깡패 대장이 되어 있었다.

"이 보시오 형님! 교회에 오신 것은 잘 했습니다. 감사합니다. 그러나 이곳은 신성한 교회 예배중입니다. 죄송합니다만 담뱃불은 꺼주십시오!"

했더니 이 사람이 담뱃불을 끄는 것이 아니라 담배 한 개

피 에 다시 불을 붙여 쌍 나팔을 부는 것이었다.

'저 사람이 계획적으로 왔구나!'

하는 생각이 들어 더 이상 담뱃불을 끄라는 소리는 못했다.

예배를 마치고 성경 찬송을 한 손으로 움켜잡고 가슴에 올려놓은 자세로 뒷자리에 가서 "형님" 하고 부르니 그제야 벌떡 일어나 예배당 바닥 가마니 위에다 발로 담뱃불을 비벼 끄고는 두발걸이로 성경 찬송 움켜쥔 내 손을 걷어차서 바닥에 떨어뜨렸다. 그 사람이 내 성경 찬송을 두 발로 지지 밟아 걸레같이 해놓고 그 억센 주먹으로 사정없이 내 얼굴, 아래턱을 두들겨 때렸다. 발길로 걷어차고 주먹으로 무수히 때려 내 얼굴은 코피가 터지고 아래턱이 내려앉아 흔들흔들 했다.

내가 쓰러져 넘어지면 달려와서 구두 발로 짓밟고 일어나면 복싱 샌드백을 치듯이 마구잡이로 쳤다. 내 온몸은 피투성이가 되었고 교인들은 이리저리 몰리면서 여기저기에서 으악! 으악! 비명을 질렀다.

그 날 밤 내가 몇 대나 맞았는지 헤아릴 수도 없었다. 결국은 예배당 한구석에 정신을 잃고 쓰러졌다. 그제야 이 사람이,

"네가 전도사면 교회 전도사지, 온 동네 전도사냐? 내야 담배를 피우든 말든 네가 무슨 잔소리냐?"

하고는 손을 털고 나가 버렸다.

억울하게 골병이 들만큼 맞았다. 이빨이 몇 개나 부러지고 입안 양볼 안쪽이 주먹으로 맞을 때마다 이빨에 부딪혀 살점이 떨어져 너덜너덜한 걸래짝같이 되어 꾹꾹 씹어 패 밭으면 살점이 툭툭 튀어 나갔다. 눈덩이가 퉁퉁 붓고 아래 턱이 내려앉았다. 팔, 다리, 허리 등에 뼈도 다쳤다.

정말 억울하고 온몸을 움직일 수도 없이 고통스러워 피를 흘리며 울부짖었다. 나 혼자 쓰러져 있는데 어찌 할 수 없으니 교인들은 하나 둘 다 돌아가고 나를 사윗감으로 욕심을 내던 그 교인은 나를 위로하는 말은 할 줄 모르고,

"전도사가 잘못 했지! 그 사람이 깡패라는 것을 알면서 무엇 때문에 싱거운 소리는 하노!"

하고 잘되었다, 고소하다는 듯이 나가 버렸다. 알고 보니 그 깡패가 바로 그 교인의 친정 조카였다. 그 소리를 들으니 더 억울했고 더 슬펐다.

어느 교인이 내 부모님께 연락을 해서 밤 늦게야 아버지 어머니가 달려오셔서 교인들을 보고 꾸중을 하셨다.

"여보시오, 사람이 이 지경이 되었는데 어찌 이대로 방치

했단 말이요! 교인들이 이래서 되겠소!"

그 밤중에 30리 밖 면소재지에 있는 병원 앰뷸런스를 불러 병원으로 실려갔다. 약 한 달을 병원에 누워 있어야 했다.

그 뒷일을 무마시키는 데도 더 힘이 들었다. 아버지는 그 깡패를 상해, 폭행, 살인미수 등 죄목으로 형사 고소한다고 고소장을 꾸미고 큰형님이 6·25 부상자로 목발 짚은 상이용사회 김천 분회장이었으므로 상이용사들을 동원했다. 한 팔이 떨어지고 한 다리가 떨어져 목발을 짚거나 꼬부라진 쇠갈퀴 손을 한 악에 받친 병신들의 모임이라 당시 경찰에서도 손을 못 대는 못 막을 사람들이었다.

큰형님이 그 상이용사들을 한 트럭 싣고 와서 그놈을 때려죽인다고 야단이었다. 나는 아버지와 형님께 통사정하여 절대로 보복행위를 하지 말아 달라고 눈물로 호소했다.

그러면서 나는 기도했다. 그 사람이 스스로 돌이켜 잘못을 깨닫고 회개하고 교회에 나오게 해달라는 기도였다. 그 사람이 미처 몰랐다가 내 형님이 상이용사회 분회장 목발쟁이임을 알고 '이제는 죽었구나!' 하고 겁에 질려 떨고 있었는데 피해자인 내가 자기를 용서하도록 했다는 소문을 듣고 감동되어 병원으로 찾아와 내 앞에 무릎을 꿇고 엎드

려 사과를 했고 자기 입으로 "나도 교회에 나가겠습니다"라
고 항복을 했다.

이빨이 부러지고 뼈가 부러지도록 억울하게 몰매를 맞고
도 무조건 용서하고 그를 사랑했더니 사랑 앞에 깡패 대장
이 굴복을 한 것이다. 하나님 승리였다. 그 봉변을 당한 것
이 50년 전 일이나 그때에 얻어맞아 아래턱이 몇 번이나 내
려앉은 것이 지금까지도 영향이 있어 내가 좋아하는 김장
김치 속의 무를 맘대로 먹을 수가 없고 좀 딱딱한 음식은
씹어 먹기에 불편을 느낀다. 감사한 것은 그가 약속대로 교
회에 나오면서 10여 명 청년들이 함께 교회에 나오게 되었
으므로 그때부터 교회는 정상괘도에 오른 것 같은 교회로
서의 면모를 갖추게 되었다.

한번은 나이 40세쯤 되는 어떤 분이 교회에 나와서 새 교
인 등록을 했다. 예배 후에 그분을 앉혀 놓고 신입교인 상
담을 하는 자리에서 그가 나에게 물었다.

"전도사! 금년에 나이가 몇이요? 아주 젊구먼?"

나는 정직하게 대답했다.

"예! 금년 열 여덟 살입니다."

"오! 내 막내 동생 나이구먼? 나 이제부터 자네 보고 자네

라 하네!"

그때 나는 그 소리가 너무너무 섭섭했고 억울해서 그 날 꼬박 밤을 세워가며 하나님께 간절한 기도를 드렸다.

"하나님! 왜! 나는 이렇게 나이가 적습니까? 나에게만 한꺼번에 세 살, 네 살 나이를 먹게 할 수는 없겠지만 하나님! 하실 수 있잖아요? 내 나이보다 훨씬 늙어 보이도록 해 주세요! 늙은이로 만들어 주세요!"

하나님은 이 기도를 곧 바로 들어 주셨다. 그 후로 내가 20세가 될 때에 사람들은 30이상으로 보았고 50이 못 되어서 회갑나이로 보았으니 10년 20년은 늙어 보이도록 해주셨다.

지금은 내가 68세라 하면 안 믿어질 정도로 젊다고 한다. 이것은 내가 여자 중고등학교 교목생활을 8년이나 하는 동안 고3 중에 23살 처녀도 있었으니 문자 그대로 젊은 꽃밭에서 살았기 때문일 것이다.

그러나 교목 시절 학생들이 나더러 "할아버지! 할아버지!" 하고 부를 때 그 소리가 어찌나 듣기 싫었던지 그때 또 별난 기도를 드렸다.

"하나님! 죄송하오나 전에 드린 저의 기도를 물려주십시오! 아이들이 할아버지라고 합니다. 이제는 새파란 젊은이로 보이도록 해주십시오! 하나님 하실 수 있잖아요!"

그래서 그런 것인지? 그때 후로 지금은 사람들이 나를 10년은 젊게 보고 있다. 이도 또한 "하나님 은혜 감사합니다"이다.

내가 20세가 되었을 때 그때까지도 '기독교 예수교 오로동 기도소' 간판을 그대로 붙이고 있었다. 그런데 성결교회 경북 지방회장 목사님과 군위 감찰장 목사님이 찾아오셔서 '전도사 임명장'을 주셨으며 교회 간판도 미리 큼직하게 니스 칠을 한 좋은 간판을 준비하여 「대한기독교 성결교 오로동교회」로 걸어 주시었다.

간판을 붙여 놓고 두 분 목사님이 나를 품에 안고 눈물을 흘리시며 말씀하셨다.

"오전도사님! 참으로 장하십니다. 어린 나이에 혼자 손으로 어쩌면 이렇게도 훌륭한 교회를 지었단 말이요? 정말 감탄했습니다. 놀랐어요! 대단합니다."

이때 두 분 목사님이 교회를 완공하는데 쓰라고 하시며 보조금 봉투를 주고 가셨는데 그것으로 마루를 깔고 문짝을 달 수가 있었다. 더욱이 감사하고 기쁜 것은 두 분 목사님들이 추천하여 서울 신학대학에 무시험으로 입학시켜 주겠다는 약속까지 해 주셨고 그 약속대로 23살 때 서울 신학대학에 입학하여 공부하게 되었다.

그 오로동 교회를 5년간 전도인으로 전도사로 지켜온 중에 너무 몰라서 실수도 하고, 너무 어려서 시행착오한 것이며 교회의 법도나 중요 행사 의식 같은 것 등 아무것도 몰랐기 때문에 무엇이나 내 생각대로 내 하고 싶은 대로 해 나갔으니 교인들도 아는 사람이 없었기에 망정이지…….

'축호방문 전도'라는 말도 모르면서 집집마다 다니며 교회에 나오라고 예수 믿으라고 전도는 열심히 했고, 철야기도, 금식기도, 작정기도 이런 말도 모르면서 수시로 밤새도록 기도도 하고, 3일, 7일, 14일, 물 한 모금도 마시지 않고 기도한다 했고, 기간을, 시간을 정해놓고 제목을 걸고 기도도 한다고 했다.

주일이 다가오면 언제나 제일 걱정되는 것이 설교를 어떻게 할까? 기도를 어떻게 할까였다. 지금처럼 서점에 설교집이나 기도집 등 목회자료가 많지도 않아 어떤 책자나 자료도 구할 수가 없었다.

설교가 무엇인지도 모르면서 내 맘대로 성경 읽고 내 마음대로 해석했으니 그때 설교라고 했던 설교쪽지, 설교 메모지를 꺼내 놓고 보면 그야말로 이단 설교를 했던 것인데 그래도 그때 70여 명 모인 교인 중에 한 사람도 잘못되지 않았다.

기도도 그랬다. 나 자신도 기도를 할 줄 모르지만 교인들 중에도 예배시간에 대표로 기도 인도를 할 사람이 없어 언제나 나 혼자 북 치고 장구 치고 다했던 것이다.

어느 토요일 늦은 시간, 추○○이라는 유치부 어린이가 줄줄이 사탕을 쭉쭉 빨면서 교회에 와 나에게 자랑을 했다.

"전도사님! 전도사님! 우리 고모가 왔다, 고모가 이것 사 주었다."

그 말을 듣고 나는 너무너무 기뻐 감격했다. 그 아이의 고모라면 대구에 있는 유명한 기독교 학교인 신명여자중학교에 재직중인 똑똑한 선생님이신 것을 알고 있었기 때문이었다. 내일은 예배 시간에 기도할 선생님이 오셨다는 생각에 고맙고 감사한 것이었다. 너무 좋아서 그 날 밤은 잠이 오지를 않았다.

이튿날 아침에 주일 예배를 시작했으나 그 선생님 같은 분이 나타나지를 않았다. 예배를 인도중인 나는 자꾸만 출입구 쪽을 바라보며 예배순서를 진행하는데 3절까지 되어 있는 찬송가 3절을 부르면서 마음을 졸였다. 찬송 끝나면 기도 인도할 차례이다.

바로 그 때에 한 숙녀 아가씨가 들어서는 것이었다. 나는 순간 '바로 저분이다' 하고 생각했다.

빨간 초미니스커트 양장에 뺏닥구두(그때는 하이힐을 이렇게 불렀음)에 매미날개 살양말(그때는 스타킹을 이렇게 불렀음)을 신었다. 처음 보지만 틀림없었다.

그런데 그 선생님이 자리에 앉지를 못하고 빙글빙글 돌면서 안절부절못하는 것이 아닌가. 얼른 앉아야 기도를 시키겠는데 안타까웠다.

나는 그녀가 왜 그러는지 눈치를 챘다. 앉아야 할 예배당 바닥이 가마니라 무릎부터 꿇자니 매미날개 살양말이 주루룩 터질 것 같고, 그냥 엉덩이부터 털썩 주저앉으려니 초미니스커트라 어쩌면 치마 밑 본부가 드러날 것 같고, 그래서 앉는 것이 고민이 되어 쩔쩔매는 것이었다.

이때에 찬송가 3절이 끝났다. 지금 같으면 그 찬송 한 번 더 부르면 되는데 그때는 그것을 몰랐다.

그제야 이 선생님이 핸드백을 열어 빨간 손수건을 꺼내어 무릎 앞을 가리고 두 무릎을 붙이고 옆으로 살그머니 조심스레 앉았다.

앉아서 잠시 묵기도할 여유도 주지 않고 그만 감투를 씌웠다.

"이름은 모릅니다만 추선생님! 대구에 예수 믿는 학교 신명여자중학교 훌륭한 선생님! 오늘 이 예배에 기도하시기 바랍니다 주여!"

하고 나는 강단 밑에 앉았다. 한참을 기다려도 기도 소리가 안 나왔다.

주여! 주여! 하며 몇 번이나 독촉 신호를 보내어도 소식이 무소식이라 눈을 뜨고 살짝 고개를 들어 보니 그 선생님이 없어졌지 않겠어요! 그제야 내가 경험 부족으로 실수한 것을 알았다. 나는 두고두고 그 선생님께 미안해하며 용서를 빌고 싶었다.

그러나 그 후로 그 선생님을 만나지 못했으니 미안하다는 사과 한 마디 못하고 말았다. 그 날도 혼자 북 치고 장구 치고 다 해놓고 추○○ 어린이 집에 가보았더니 집에도 오지 않았다. 그 길로 영영 대구로 가버린 것이다.

한번은 대구에 볼일이 있어 나갔다가 어느 곳에서 많은 사람들이 모여 있는 것을 보았다.

손에는 성경 찬송을 들고 있는 점잖은 분들이 검은색 두루마기 같은 옷을 입었는데 머리에는 멋있고 보기 좋은 금구슬이 달린 네모난 모자를 썼고 목에는 어깨로 흘러내리는 빨갛고 노랗고 파란 긴 목도리를 각각 두른 사람들이 줄

지어 입장하여 높은 단 위에 올라가 앉는 것이었다.

앞에 써 붙인 글자를 보니 어느 신학교 졸업식이었던 것이다.

나는 다른 것은 별로 기억에 남지 않고 앞에 앉은 분들이 입고 있는 옷들이 너무 멋있고 보기가 좋았다. 뒤에 알고 보니 그분들은 교수님들이고 그분들이 입고 있는 두루마기에 빨간 파란 목도리는 박사 석사 가운과 학위 후드와 학위 모였는데 나는 그런 것을 생전 처음 보아서 정말 무엇인지 어떤 사람들이 그런 옷을 입는 것인지를 몰랐던 것이다.

'좋다 나도 저런 옷을 만들어 입자.'

이렇게 생각하고 돌아와서 아버지 집에 가서 어머니의 옷장과 장롱 문을 열고 비로도 치마, 빨간색 치마들, 파란색 이불 호청, 등등 찾아내어 아버지 어머니가 어디 좀 가신 틈을 타서 미싱에 앉아 내가 대구에서 본대로 두루마기 가운도 만들고 빨간 파란 노란 세 가지 색으로 길게 늘어진 목도리도 만들었다.

나는 어릴 때부터 눈썰미가 있고 손재주가 뛰어나다는 소리는 많이 들었다. 정말 멋지게 석사, 박사 가운과 후드를 제대로 만들었던 것이다. 그 옷을 입고 주일 예배를 인도하고 했으니 이 얼마나 웃기는 일이었던가?

이 오명근 목사는 19살 전도인 시절에 아니 벌써 나 혼자 석사, 박사가 다 되었었다는 에피소드이다. 무식하면 용감하다는 속담같이 되었다고나할까?

제3부

춥고 배고픈 신학교공부

1961년 3월 10일 성결교 경북 지방회장 박석근 목사님의 특별 추천으로 서울신학대학에 무시험으로 입학하여 신학 공부 길에 들어섰다.

5년간 개척 설립한 흙벽돌 교회 오로동 교회를 후임 전도사님께 맡기고 신학교에 가기 위해 서울로 떠났다.

내일 아침 일찍이 길을 떠나야 하는데 막상 서울에 갈 여비가 없었다. 부모님도 마련해 주지 않았고 교회도 이를 도와 줄줄 을 몰랐다. 주일 밤 예배를 송별예배로 드리고 잠을 좀 자려 해도 도무지 잠이 오지 않는다. 여비 한 푼 없이 서울에 갈 일이 꿈만 같았다. 서울에 갈 여비도 문제지만 서울에 가면 신학교에 들어가면 기숙사에서 잠은 잔다 하더라도 밥은 기숙사 식당에서 식권 한 장 한 장을 내고 사 먹어야 하는데 그리고 학비 등록금은 어디에 있나? 이처럼 걱정이 태산 같은데 수중에 돈 한푼 없이 가야 하는 길이니 편안히 잠이 오겠는가?

엎치락뒤치락 잠 못 이룬 밤이 지나고 이튿날 새벽기도하려 교회에 나갔더니 강단 위에 '전도사님! 서울에 잘 가서 신학공부 잘 하십시오'라는 글이 쓰인 이름 없는 흰 봉투가 올려 있었다.

봉투를 열어보니 서울까지 버스를 타고 기차를 타고 갈

수 있는 교통비가 들어 있었다. 얼마나 반갑고 감사했던지 그 봉투를 들고 울고 또 울었다.

나중에야 알았지만 사람들에게 오해를 받아가며 나를 그래도 주의 종이라고 극진히 섬기고 도와주던 나와 동갑내기 처녀 추○○씨 그녀였다. 그도 일찍이 집을 나가 여러 해 동안 객지에서 직장생활하며 신앙을 길러온 사람이다. 50년 세월이 흘러갔으나 나는 지금도 나 같은 것을 주의 종이라고 지극 정성으로 섬기고 받들어준 그 추○○씨를 생각하며 축복기도를 하고 있다.

서대문구 북아현동에 있는 서울신학대학에 도착했다. 교무과장 김석규 목사님 앞에서 간단한 면접과 구두시험이 있었는데

"오명근 씨는 성결교의 사중복음을 아시는가?"

라고 물었다. 나는 처음 들어보는 말이었다. 성결교에서는 이 질문이 매우 중요한 것이었다.

"예! 마태복음, 마가복음, 누가복음, 요한복음입니다."

용감하게 대답하니 교무과장 목사님이 웃으시면서,

"그건 신약의 사복음서이고 성결교의 사중복음은 중생·성결·신유·재림이야. 성결교 신학교 학생이면 이것쯤은 알아야지!"

하시는데 나는 얼굴이 벌겋게 달아올랐다.

신앙 간증서를 쓰라고 해서 간단히 써드렸더니 됐다 하시며 바로 1학년 강의실로 데려가 소개를 해주셨다. 이렇게 하여 역사적으로 오명근이 신학생이 된 것이다.

나에게 있어서 신학공부의 길은 시작부터가 순탄하지 못했다. 1학년 기숙사는 보온 난방이 전혀 안 되는 다다미방 냉방이었다.

책상 위의 잉크병이 얼어서 깨어지므로 이불 속에 안고 자야 하고 기숙사 방에 비치되어 있는 모포 한 장 외에 모두가 자기 집에서 가지고 온 두툼한 솜이불을 덮고 자는데 나는 올라올 때부터 맨몸으로 왔으니 이불은 생각도 못했다. 겨울을 지내는 동안 옷을 있는 대로 겹쳐 입고 모포 한 장 돌돌 말아 새우잠을 자고 나면 어깨, 허리 안 아픈 데 없이 팔 다리뼈가 아팠다.

삼척냉실, 소금을 꿉는다, 새우잠을 잔다, 아래턱이 덜덜, 손가락 발가락에 동상, 이러한 말들은 그 신학교 기숙사에서 겨울을 지내면서 모두 다 경험한 일이다.

문자 그대로 춥고 배고픈 신학교 생활이 하루하루 지나는 동안 학교 서무과로부터 계속 학비 등록금 독촉을 받고 있었으나 속수무책 그대로였다. 방법이 없었다. 대책이 서지 않았다. 그렇다고 등록금납부도 하지 않고 계속 공부를 할 수도 없는 노릇이었다.

서무과에 불려 가면 조금만 기다려 달라, 한달 후에 납부한다, 막연히 대답을 하지만 실제로는 할 수 없는 일이었다. 그러면 가는 곳은 기숙사 지하에 있는 밀실 기도실이었다. 거기서 밤새껏 울부짖었다.

"하나님! 너무 춥습니다. 배가 고픕니다. 너무 못 먹어서 어지럽습니다. 현기증이 납니다. 그래도 아직은 견딜 수 있습니다. 그런데 학비를 못 내어 이제는 이 학교에서 쫓겨나가게 되었습니다. 하나님! 나는 죽어도 이 신학공부를 해야 합니다. 목사가 되어 누님을 찾아가야 합니다. 제발 쫓겨나지는 않도록 하나님! 도와 주세요!"

기도 아닌 기도로 밤을 새운 것이 한두 번이 아니었다. 어느 날 쉬는 시간에 교내 방송이 울려왔다.

"1학년 오명근 학생 서무과로 오십시오."

또 등록금 독촉이구나! 생각이 들지만 아니 갈 수는 없었다. 마치 도수장에 끌려가는 소같이 미리 고개부터 숙인 채 서무과 문을 열고 들어서는데

"오명근 학생, 오늘 등록금과 입학금이 왔습니다. 완납이 되었습니다. 자, 이 영수증을 받아 가십 시요!"

하는 것이 아닌가. 이것이 웬 일입니까?

"어디서 누가 보냈습니까?"

"모르겠습니다. 여기 보낸 사람은 대구에서란 말뿐이고 누구인지는 밝히지 않았습니다. 오명근 학생의 입학금, 등록금이라고만 했습니다. 다음 학기 등록금도 부쳐준답니다."

세상에 이렇게 고마울 수가 있는가? 이분은 이렇게 이름도 밝히지 않고 3년을 꼬박꼬박 등록금을 보내주셨다. 신학교로 등록금이 없어 공부를 못할 학생이 있으면 소개해 달라 돕겠다고 요청이 있어 교무과장 목사님이 나를 소개해 준 것인데 교무과장님도 그가 누구인지는 모른다는 것이다.

3년 만에 학교로 편지 한 통이 왔었다.

편지 속에는 교통비라는 수표 한 장과 대구시 대봉동 집 주소와 약도가 들어 있었고 여름방학에 찾아와 주면 식사 한끼 대접하겠다는 글이 들어 있었다.

이분이 바로 지금까지 익명으로 내 등록금을 보내주신 분이라 직감이 되어 방학에 찾아갔다.

알고 보니 이분은 경북대학교 영문학과 주임교수시며 대

구 봉산 성결교회의 김성혁 장로님이셨다.

그 장로님 댁에 들어서니 넓은 정원에 큼직한 주택인데 옛날 일본 사람들이 살던 관사 건물 같았다. 가운데 널찍한 다다미 방에 흑판이 놓여 있는 것을 보아 영문과 영어교수시니 집에서 개인교습으로 과외수업을 많은 학생들에게 시키기도 하는 것을 짐작할 수 있었다.

장로님과 그의 가족들에게 인사를 하고 그간 익명으로 등록금을 보내주신데 대하여 엎드려 감사 인사를 올렸다.

저녁 밥상이 들어왔는데 또 한번 놀랐다. 특별히 손님을 초대한 밥상으로는 너무 간단하고 초라했다. 밥상에는 공기밥 하나, 국그릇, 김치, 된장찌개, 그리고 수저뿐이었다.

이것도 나 혼자 차려주는 것이 아니라 그 장로님 내외와 고2 의 딸, 이렇게 세 식구가 둥근 밥상에 함께 앉았는데 밥그릇 국그릇은 네 사람이 각각 받았으나 반찬 두 가지는 네 사람이 같이 먹어야 하는 것이다.

식사를 하면서 그 장로님의 설명을 들었다

"밥상이 너무 간단해서 미안하오, 내 아들이 지금 군대에 가 있는데 아들 면회를 가서 군대에서 군인들이 식사하는 밥상에 반찬은 두 가지뿐인 것을 보고 돌아와 우리도 국 이외에 두 가지 반찬만 먹기로 하였어요, 그래도 오늘은 특별히 손님을 초대한 밥상이기에 이 된장찌개 속에 여러 가지 반찬거리를 다 넣었어요, 이것이 우리 집의 정성이 담긴 밥상이라오! 맛있게 드시라요!"

설명을 들으니 이북 사투리 말인 것을 보아 이북에서 피난 나온 집 같았으나 누가 보아도 짐작이 가는 것은 일상생활이 너무 너무 검소하고 절약하며 알뜰히 살아가는 가정인 것을 알 수 있었기에 정말 존경할만한 분이라 머리가 숙여졌다.

이 장로님은 '야끼모 장수'라는 별병이 붙은 분이었다. 대학교 주임 교수라는 분이 추운 겨울에 길가에서 야끼모 장사를 하는 이들이나 입는 다 떨어진 큼직한 미군 오버를 덮어쓰고 1시간이나 걸리는 거리를 걸어서 매일 새벽기도를 다니신다 하여 붙여진 별명이라 한다.

장로님은 얼마나 검소하게 절약하며 사시는지? 물론 자가용도 없거니와 시내에서 강의하는 대학교에 출퇴근하면서 절대로 택시를 타지 않고 시내버스를 이용하시며 고2학년의 딸은 시내버스도 못 타게 하고 1시간씩 걸어서 학교에 가게 한다는 분이다.

알고 보니 그 장로님이 익명으로 학생들의 학비 등록금을 도와주는 사람이 고등학교 15명, 대학교 8명, 신학교 15

명, 합해서 38명에게 지급되는 금액만도 엄청난 것임을 계산해 보고 또 한번 놀라지 않을 수 없었다.

나는 그 장로님을 아버지라고 불렀다. 그러나 그 장로님은 38명 학생들, 많을 때는 50명도 되었다 하니 그 장로님은 남을 도와도 항상 익명으로 이름도 없이 하시지만 이 많은 학생들이나 학부모들로부터 고맙다는, 감사하다는, 이런 인사 받기를 좋아하지 않는 분이었다.

참으로 왼손이 하는 일을 오른손도 모르게 진정한 봉사자요 진정한 성도의 사랑, 주님의 사랑을 느끼게 하는 분이셨다.

여름 방학이 지나고 다시금 신학교로 돌아와 배고픈 학교생활이 계속되었다. 학비 등록금은 익명으로 도와주는 분이 있어 해결이 되었으나 기숙사에서 하루 세 끼 밥을 사먹을 형편이 못 되어 한 끼도 먹고 두 끼도 먹다가 그도 안 될 때는 이틀씩 3일씩 굶식(굶어서 저절로 금식하는 것)을 하기도 했다.

이러기를 몇 달을 보내는 동안 몸은 영양부족에 영양실조가 되어 앉았다가 일어나면 어지럼증 현기증에 털썩 주저앉거나 강의실 바닥에 쓰러지기도 했다.

그럴 때에 다른 동료 학생들이 나를 보고 눈동자가 흐려졌다고, 검은자, 흰자가 구별이 안 되게 희미하다고 하여 기숙사에 들어와 벽에 걸린 거울을 보았더니 거울에 비치는 내 얼굴이 흐릿하게 잘 보이지 않았고 공부를 하려고 성경을 펴들고 보니 성경의 글자를 읽을 수가 없도록 흐릿하고 눈앞이 캄캄하다고 느낄 만큼 시력조차 약해져 버렸다.

기숙사에서는 한 달치 식비를 내면 한 끼에 한 장씩 내고 밥을 타먹을 수 있도록 식권을 준다.

신학생들 중에는 나 뿐 아니라 하루 세 끼니를 꼭꼭 사 먹는 학생은 몇 사람 안 되고 대다수는 한달 식권으로 한 달 반이나 두 달을 늘려 사용하는 사람도 있었는데 나는 아예 식권을 몇 달치나 사지도 못할 때가 있고 어쩌다 한 달 식권을 구하면 그것으로 두 달, 석 달을 아껴 먹어야 하니 굶기를 부자 밥먹듯 했다는 말이 나를 두고 한 말이라 할 수 있을 것이다.

정말 배고픈 시절이 너무 길고 힘든 때였다.

어느 책을 읽다가 생식生食하는 법을 배워서 그때부터 정상적으로 먹을 것이 없으니 생식을 하기로 결심했다.

시골교회에 주일목회를 하는 선배 신학생에게 부탁하여 시골에서 솔잎을 한 보따리 따오게 하여 그늘에 말려서 방앗간에 가서 가루를 만들고 쌀 한 되를 사서 물에 담갔다가

방앗간에서 가루를 만들었다. 책에는 여러 가지 과일을 썰어 말려서 가루를 만들어 함께 쓰도록 되어 있었으나 그것은 형편이 못되어 못하고 이것으로 생식을 시작했다.

한 끼에 쌀가루 한 숟가락, 솔잎가루 한 숟가락을 입에 넣고 물 한 그릇을 마시면 그것이 한 끼니 식사였다. 이것도 아껴 먹어야 하니 더 먹을 수는 없고 물은 두 그릇도 세 그릇도 먹었다.

이렇게 생식이라고 하며 살았으니 살았다기보다는 연명을 했다고 해야 할 것이다. 이렇게 먹을 것이 없어 굶식을 하고 생식을 하여 영양실조가 되어 있어도 한 가지 잊을 수 없는 것은, 은혜롭고 감동적이며 매일 그 시간에 눈물을 쏟으며 은혜를 받은 것은, 기숙사 지하 밀실 기도실에서 매일 새벽기도를 드리는데 이 새벽기도를 백발에 흰 수염을 휘날리며 당시 서울신학대학에 학장이셨던 이명직 목사님께서 매일 새벽기도를 인도하셨다.

모든 신학생들이 이 새벽기도에 뒤집어지고, 깨어지고, 녹아졌던 것이다.

이명직 학장 박사님은 나의 중간 고모부의 백부님이셨다. 지금까지도 이 어른이 새벽마다 끼쳐주신 감동과 은혜 받은 것을 잊을 수가 없다고 고백한다.

신학교 2학년 2학기 때 선배 전도사의 소개로 조그만 시골교회로 주일목회를 하러 가게 되었다.

경기도 광주군 광주면 상번천리 번천 성결교회로 지금은 중앙고속도로 경안 I.C 옆 산밑에 있는 지붕 빨갛게 도색해 놓은 바로 그 교회이다.

어느 토요일 처음으로 주일 예배를 인도하려 그 교회를 찾아갔다. 그 교회는 새로 전도사님이 부임했다고 반갑게 맞이하면서 연세가 지긋한 조○○ 집사님 댁에서 점심상을 차려놓고 기다리고 있었다.

그 조 집사님은 바로 조병옥 씨 조씨 집안이라 양반행세를 많이 하는 분이었다. 그때가 나는 기숙사에서 먹을 것이 없어 억지로 생식을 4개월이나 하고 있던 중이라 좋은 반찬에 흰쌀밥 한 그릇이 너무 반가웠고 뱃속에 허기증이 있는 터라 밥상을 받자마자 정신 없이 마구로 퍼먹었다.

나중에 생각나기를 식사기도, 감사기도도 안 드린 것 같았다. 밥그릇 국그릇은 물론이고 간장종지에 간장을 남긴 것 이외에 반찬그릇까지 깨끗이 닦아 먹어버렸다.

나중에 물 한 그릇이 들어왔는데 그것도 다 먹어 버렸다. 반찬그릇 빈 그릇을 포개어서 밥상을 물리니 그 집 조○○ 집사님이 내게 귓속말로 충고해 주었다.

"전도사님! 이곳은 양반들이 사는 곳입니다. 양반들은 밥을 반찬그릇을 이렇게 다 닦아 먹지를 않습니다. 사람이 개처럼 음식을 싹싹 핥아먹느냐 하며 흉을 봅니다. 이제부터는 반찬이나 국그릇은 조금씩 남겨 놓아야 합니다. 밥은 다 먹으면 물이라도 부어 놓아야 합니다."

그때 나는 어린것이 그래도 전도사라고 그 조집사를 크게 꾸짖으며 훈계를 했다.

"집사님! 그것은 잘 하는 일, 좋은 일이 아닙니다. 우리 기독교는 미풍양속은 되살려 가고, 악습 폐습은 뜯어 고쳐야 합니다. 음식은 남기지 않고 깨끗이 먹는 것이 좋은 것입니다."

4개 월 만에 처음으로 받은 밥상을 배가 터질 정도로 급하게 퍼먹은 음식이 제대로 소화될 리가 없었다. 배탈이 나고 설사를 하고, 고생을 이만저만 한 것이 아니었다.

그 무렵 신학교에서 학우회 주최로 신학생 신앙 간증 대회를 열었는데 1 학년 대표 3명중에 나도 끼어주어서 전교생이 모인 강당에서 간증을 했다.

"대관절 하나님은 있소? 없소? 하며 깊은 산 속에서 7일간 단식 기도 중 주님을 만난 일과 흙벽돌 찍어 교회 개척 설립의 일들을 눈물을 흘려가며 간증했는데 결과는 1등을 했었다. 그때 상으로 받은 성경책을 지금도 가지고 있고 상금 받은 것으로는 처음으로 16권 한 질인 성경 주석을 살 수가 있었다.

그 간증대회에서 2등 상은 나보다 2년 선배인 강달희 전도사 가 받았는데 그때 강달희 선배의 간증한 내용을 지금도 생생히 기억하고 있다.

그 당시 강달희 전도사는 신학생들의 소그룹 단체인 애농회愛農會 회장이었는데 신학생 전도사로서 농촌교회 하나를 맡아 목회를 하면서 교인들에게 닭 몇 마리씩을 사주어 달걀을 주일 헌금으로 교회에 가지고 오게 하고 그 달걀을 모아 돼지를 한 마리씩 나누어주고 그 돼지가 새끼를 낳으면 길러서 교회에 바치게 하여 그 돼지가 모이고 모여 송아지를 바치고 이렇게 하여 잘 사는 교회, 잘 사는 마을, 잘 사는 가정을 만들었다는 간증이었다.

모두 박수를 치며 감탄했다. 그래도 교수 목사님들이 심사해서 발표한 것은 내가 1등이었다. 그 간증 이후로 전교 신학생들이 "훌륭하다, 장하다" 하며 칭찬해 주는 소리를 듣게 되었다.

3학년 1학기 공부 중에 입영 영장을 받고 학교는 휴학을 하고 군대에 입대하였다. 학보병學步兵으로 인정되어 군번

0043757번 15사 50연 2화중 AR소총수로 강원도 화천 전방 GOP근무 병사가 되었다.

이등병, 일등병 시절 주일날 연대 군인교회에 교인 병사들을 모아 갔는데 군목 목사님이 갑자기 유고로 공석이라 주일예배를 내가 인도하게 되었다. 그 인연으로 군인교회와 가까운 중대본부로 나오게 되어 중대 서무계를 맡아 중대 본부요원이 되어 일하면서 얼마간 군인교회 예배 설교를 맡아 하게 되었다.

그때 육본 지휘검열 때가 되어 검열 준비하느라 중대 본부요원들이 밤을 새워가며 내무반마다 환경 정리하는 일, 군인의 길 등 각종 부착물을 재정비 하는 일, 중대 본부에 각부서 계마다 비치 문부 정리, 문서 서류 정리, 관물 보급품 재고정리, 모든 총기류 및 기물에 닦고 조이고 기름 치는 일, 등등 준비하는 일이 많았다.

나는 글씨를 잘 쓴다 하여 중대는 물론 대대에까지 뽑혀가서 붓글씨, G팬 글씨를 도맡아 하느라 다른 사람들보다 훨씬 더 일거리가 많았다.

중대본부 책임관은 인사계 박 상사였으나 잠시 휴가중에 내무반장 최○○ 하사가 임시로 인사계를 맡아 본부 책임관이 되어 있었다.

이 최하사는 인천 사람인데 고아 출신으로 성미가 급하고 취미가 악독한 사람이라 '악질독사'로 별명이 붙어 있는 사람이며 같은 동기들은 모두 병장인데 이 사람은 전방 초소에서 간첩을 때려잡고 하사로 특진한 사람이다.

내무반에서 밤늦도록 육본 검열 준비를 하다가 보급계장 정○○ 병장이 "자! 나가자, 개구멍으로! 한 딱가리 하러 가자!" 했다. 울타리 구멍으로 병영을 빠져나가 민가가 있는 마을 술집으로 가자는 것이었다.

모든 본부 요원들이 좋다고 따라 나섰다.

나는 임시 인사계 최하사가 무섭고 걱정이 되어

"정병장님! 모두 갔다 오십시오. 저는 제일 쫄병이니 본부를 지키고 남겠습니다, 내무반에서 자고 있는 최하사님이 알면 큰일납니다."

했더니 정병장이 큰소리를 쳤다.

"오 일병 임마! 괜찮아 내가 책임진다. 잔소리말고 따라와 임마."

하는 수 없이 나는 부득불 따라 나섰다. 그리고 약 1시간 후에 돌아오니 진짜 큰일이 벌어졌다. 공교롭게도 본부 사무실은 불을 환하게 켜놓고 책상 위에는 온갖 문서 서류,

심지어 군 기밀문서까지도 다 펼쳐 놓은 상태였다. 그런데 근무 요원은 한 사람도 없이 비어 있었으니 어떻게 되겠는가.

최하사는 '이것들이 개구멍을 뚫었구나' 짐작은 하지만 본부 사무실 책임자로서 뿔다귀가 나지 않을 수 없는 것이었다. 우리가 돌아왔을 때 정문 위병 보초병 2명을 불러다 곡괭이 자루로 얼마나 두들겨 팼는지 둘이 다 피를 흘리며 바닥에 뻗어 있었다.

최하사는 독이 잔뜩 오른 눈으로 소리쳤다.

"전원 팬티 바람에 빈 철모 쓰고 워커 한 짝만 신고 영점오초 내로 집합!"

명령대로 차리고 집합하자 벼락같은 벌이 떨어졌다.

"운동장 20바퀴 선착순 구보!"

살을 에는 추위에 팬티차림으로 뛰자니 온몸이 꽁꽁 얼어붙었다. 화이버가 머리에 맞도록 되어 있는 철모를 빈 철모만 쓰고 뛰려니 철모가 빙글빙글 돌아 두 손으로 잡지 않으면 뛸 수가 없었다. 게다가 워커도 한쪽만 신고 절름거리며 뛰는 것도 이만저만 어려운 일이 아니었다.

엎어지고 자빠지며 운동장 20바퀴를 다 돌고 본부 사무실로 왔을 때 최하사의 명이 또 떨어졌다.

"오늘밤 개구멍을 나갈 때 본부에서 누가 제일 나중에 나갔나? 누가 한 사람이라도 지키고 있었다면 용서했을 것이다, 맨 나중에 나간 놈 앞으로 나와!"

정 병장은 어느새 슬며시 빠져나갔고 아무리 보아도 내가 제일 쫄다구니 내가 나갈 수밖에……. 그래서 내가 한 걸음 나서며 고개 숙여 사죄했다.

"잘못 했습니다. 제가 맨 나중에 나간 사람입니다."

"됐어! 이놈 오 일병 만 남고 다른 사람은 들어가 자라."

그는 나를 그 자리에 엎드려뻗쳐 시켜놓고 곡괭이 자루로 개 패듯 두들겨대기 시작했다.

최하사는 영세 받은 천주교인이다. 평소에 최하사와 나는 천주교와 기독교에 대해 말다툼도 했고 신앙토론이나 변론을 자주 하였는데 그때마다 최하사는 내게 이론이나 말로는 당할 수 없어 속으로 나를 몹시 미워하였고 또 주일마다 교인 병사들을 교회로 데려가서 내가 설교하는 것을 못 마땅하게 여기던 중이라 꽁꽁 벼르고 있던 차에 내가 걸려든 것이었다.

그 날 밤에 곡괭이 자루 세 개가 나팔을 불었다고 한다. 그 단단한 곡괭이 자루가 나를 사정없이 때리는 중에 곡괭이 자루 끝이 퍼져버린 것이다. 이것을 나팔 불었다고 한다.

내무반에 들어간 다른 본부 요원들이 들어보니 빳빳이 엎드린 채로 70대를 내가 헤아려 가며 맞았다고 한다.

그 후에 때리는 소리는 나는데 내가 복창하며 헤아리는 소리가 들리지 않아 문을 열고 나와 보니 내가 정신을 잃고 책상 밑으로 엉금엉금 기어가서 기절을 했고 최하사는 내 다리를 잡고 끌어내어 물을 퍼붓고 또 두들겨 팼다고 한다.

결국 그 날 밤 곡괭이 자루 세 개가 부러지도록 120대를 맞았다. 엉덩이, 허벅지, 종아리, 배, 얼굴, 머리까지 살이 터지고 뼈가 부러지고 피를 온 사무실 바닥에 뿌렸고 온몸이 벙글벙글 부어 올라 사람 같지도 않았다 .

그 사람 이름은 최석만이다. 그는 정말 악질이었다. 어찌 사람의 손으로 사람을 그렇게까지 할 수가 있단 말인가? 40년이 지났지만 지금도 내 허리, 엉덩이, 뒤 허벅지에는 시커멓게 흔적이 남아 있다.

날이 밝아 중대장이 와서 보고 나는 들것에 실려 의무실로 옮겨졌다가 사단 군병원으로 이송되어 치료받고 두 달 만에 중대로 돌아오니 중대장이 휴가증을 만들어주며 집에 가서 더 요양을 하라 했고 휴가 기간이 다 되어 가면 중대 전령병을 시켜 다시 휴가증을 보내주어서 그 바람에 나는

3개월을 집에서 보냈다.

최석만 하사, 그 사람은 바로 육군 형무소로 수감이 될 것이나 내가 의무실에 누워서 중대장에게는 물론 대대장, 연대장, 사단장에게까지 눈물의 호소문, 탄원서를 써 보내어 그 사람을 용서해 주라고, 제발 형무소로 보내지 말아 달라고 애원을 하여 사단 군법 재판소에서 계급을 일등병으로 강등, 불명예제대시켰다고 들었다.

나는 제대하고 서울신학대학에 복학하였다. 군 입대할 때가 봄 학기 수업을 하였는데 제대하고 복학한 학기가 또 봄 학기라 가을 학기에 공부를 계속하기로 하고 휴학계를 냈다. 그리고 낚시질을 좋아하시는 아버지가 바다 낚시 많이 하시려고 자원하여 울릉도에 가 계셨기 때문에 제대복을 입은 채 부모님이 계시는 울릉도로 달려갔다.

아버지가 근무하는 국민학교 마을에 교회가 있어 주일예배를 드리러 교회에 갔더니 마침 교역자가 공석이었다. 시무 장로님이 두 분이고 교인수가 150여 명 되는 비록 섬이라도 상당히 튼튼한 자립교회였다.

내가 제대복을 입고 예배를 드리러 교회에 가니 예배인도자가 없는 상태라 장로님이 예배를 인도하시려 하던 중 나를 보더니 교장 아들이 전도사라는 소문을 들은 터라 그만

막무가내로 나를 강단에 밀어 올려 예배를 인도하게 했다.

오랜만에 교회 강단에 서고 보니 감개 무량한 심정으로 비록 군 제대복 차림이지만 그 날 나 자신도 놀랄 만큼 매우 열정적인 설교를 하게 되었고 그것이 인연이 되어 그 교회의 담임전도사로 붙잡혀서 8년을 시무하게 되었다.

총각 전도사로 시무하는 중에 잊지 못할 사건이 벌어졌다.

교인 중에 남편이 다른 여자와 눈이 맞아 첩을 삼고 그 여자와 함께 육지로 나가버려서 생이별을 하고 보따리 장사를 하며 살아가는 집사님이 있었다.

그 집사님에게는 당시 23살 난 과년한 딸이 있었는데 어머니 집사님이 삼 남매 자녀를 키우며 공부시키며 보따리 장사를 해 가기에 너무 고생을 한 나머지 몹쓸 병이 들어 거기서 40리 배를 타고 가서 울릉군 소재지에 있는 조그만 병원에 입원을 하게 되었다.

어머니 병간호를 하며 며칠을 병실에 있던 딸은 지친 데다가 한 밤중에 그 어머니의 임종을 혼자 지켜보다 너무 놀라 큰 충격을 받았다. 그 어머니의 장례식을 총각 전도사인 내가 집례하였다. 장례를 마치고 집으로 돌아오자 그때부터 그 처녀가 점점 이상해져 버렸다.

먼 산을 멍하니 바라보기도 하고, 먼바다 수평선을 하염없이 바라보다가 이상한 소리를 지르는가 하면 하늘을 쳐다보고 깔깔대고 웃기도 하는 것이었다.

그뿐 아니라 우물에서 물을 길어다 방바닥이 흥건하도록 쏟아 붓기도 했다. 밤이면 소복 차림으로 동네를 돌아다니며 손뼉을 치는가 하면 펄쩍펄쩍 뛰며 깔깔대다가 노래를 하고 아무나 붙잡고 엄마엄마 부르며 매달렸다.

누가 보아도 그 처녀는 정신이 돌아 버린 정신이상자였다. 교회에서도 이 처녀를 크게 걱정하여 그래도 교인인데 어떻게 해서라도 정신이 돌아버린 미친 병을 고쳐주려고 백방으로 노력도 하고 기도도 하고 돌보아 주었다.

하루는 25세 총각 전도사인 내가 혼자 거처하는 사택 방에 밤 12시나 되었는데 찾아와 손뼉을 짝짝치는 것이었다. 누구십니까? 하고 문을 열고 보니 바로 그 미친 처녀가 소복을 하고 나를 향해 얌전히 절하더니 방안으로 뛰어 들어와 아랫목에 펴놓은 내 이불 속으로 들어가 반듯이 눕는 게 아닌가.

그리고 태연스럽게 말을 건네었다.

"전도사님! 이리 들어오세요! 나와 같이 자요!"

나는 놀라고 당황하여 야단을 치고 뺨을 때렸다.

"당장 나가지 못해! 이 무슨 경거망동이야?"

그렇게 하여 쫓아내 버렸다. 그런 뒤에 알고 보니 그 처녀가 교회 장로님, 권사님들을 찾아다니며,

"전도사님이 나하고 결혼하자고 하는데 해도 되겠습니까?"

하고 돌아다녔다는 것이다.

어쨌든 그는 23세 처녀요 나는 25세 총각 전도사이다. 이런 일은 교인들에게 크게 오해를 받을 만한 것이었다. 나는 그 처녀를 위해 강단에 엎드려 밤새워 기도하던 중 결심을 했다.

깊은 산 속에 데려가 금식기도와 단식기도를 하며 하나님께 생명 걸고 기도하자는 것이다. 그러나 처녀를 나 혼자 산 속으로 데려간다는 것이 간단한 문제가 아니었다. 그래서 대구 모 대학에 재학중인 24세 난 오빠를 급히 불러 내렸다. 그리고 입산 준비를 하고 그 처녀에게 말했다.

"나를 따라가자! 나와 함께 저 깊은 산 속에 들어가 기도하자!"

이 말에 그녀는 뛸 듯이 좋아하며 내 뒤를 따랐다.

간단한 취사도구와 비상식량, 양념, 반찬거리 등을 오빠와 같이 나누어지고 길을 떠난다.

약 20리 길 산을 넘고 깊은 계곡으로 들어가 아늑한 골짜기 물가에 움막집을 지었다. 냄비 솥을 걸고 불을 때고 하여 밥을 해서 처녀와 오빠를 먹였다. 교회에서 월요일 아침 일찍이 떠날 때부터 나는 물 한 모금 입에 대지 않고 그 처녀의 미친 병이 고쳐질 때까지 단식하기로 결심하고 기도에 들어갔다.

매시간 정한 때에 움막집에서 기도하고 두 남매는 움막에서 쉬게 해 놓고 나는 따로 조금 떨어진 곳에 비바람이나 피할 만한 움막을 짓고 기도했다. 보통 기도가 아니었다. 울며 통곡하며 부르짖었다.

"나는 죽어도 좋습니다. 저 처녀 박○○ 살려 주소서! 저 미친병 고쳐 주소서! 깨끗하게 하소서!"

하루 이틀 며칠이 지나도 차도가 없고 오빠는 무섭다고 동생과 같이 움막집에 못 있겠다고 했다. 어느 날 처녀에게 멘스(생리)가 터졌다. 미친 사람이 생리대 준비가 있을 리 없었다.

벌써 겉옷까지 피가 벌겋게 젖어 나왔다. 곁에 있는 오빠가 이를 어찌 하겠는가? 하는 수 없이 오빠를 밖으로 내보내고 젖은 옷을 속옷까지 홀딱 벗기고 내 속옷을 벗어 밑을 바쳐주고 개울물에 수건을 빨아 몸을 닦아주었으나 다시

입혀줄 옷이 준비되지 않아서 불가불 내가 덮는 모포로 몸을 둘둘 말아 가리워 주고 움막 속에 가만히 있어라 해놓고 벌겋게 피에 젖어 있는 속옷 겉옷을 개울물에 빨아서 모닥불을 피우고 말렸다.

멘스 량이 많은 편이라 며칠 동안 씻고 닦고 받쳐주고 세탁하고 홑이불로 덮어주고 아무튼 고생이 이만저만이 아니었다. 그러다가 주일이 되었다.

이른 새벽 두 남매가 못 있겠다고 매달리는 것을 억지로 달래어 떼어놓고 산을 내려와 주일예배를 인도하는데 7일간을 단식한 후라 많이 힘이 들었다.

주일 밤에 다시 산으로 올라가 기도를 계속하는데 2주째 금요일 그 처녀가 달라지기 시작했다. 자꾸 울면서 스스로 회개기도를 하며 부끄럽고 미안한 것을 알고 예의를 지키려 했다.

이제야 하나님이 이 처녀의 미친 병을 고쳐주신다는 확신이 있기에 금요일 밤은 움막 속에서 꼬박 밤을 새워 기도했다. 토요일 아침 처녀가 완전히 정상이 된 것을 그 오빠가 증명했다. 처녀는 부끄러워하며 진정으로 말했다.

"전도사님! 됐습니다. 저 이제 다 나았어요! 고맙습니다. 나를 살려 주었어요!"

그러면서 하며 오빠와 함께 춤을 추듯 좋아했다.

"오! 주여! 감사합니다."

내 눈에서는 진정으로 감사와 감격의 눈물이 쏟아졌다. 두 주간의 단식 산 기도는 한 불쌍한 처녀를 구원하게 되었다. 나는 그보다 더 큰 보람을 느껴보지 못했다.

바로 그 총각 전도사 시절 오래된 교회 건물을 헐고 돌집으로 교회당을 건축하였다. 그 신축 교회에 내 손으로 글씨를 쓰고 망치와 정으로 쪼아내어 '머릿돌'을 만들어 넣었는데 그것이 지금까지도 보존되어 있다.

그때에 경동노회 지도 선교사가 울릉도 교회를 순회하며 내가 시무하는 교회, 돌집으로 교회를 신축한 것을 둘러보고 감탄하며 우리말 발음이 똑똑하지 않은 말로

"종각 던도사! 훌룽합네다, 잠 잘 했습네다, 군대 제래했습네까? 신학교에 가십시요!"

하며 나를 신학교에 가라고 했고 그러면 신학교 공부하는 동안 모든 학비와 생활비를 부담해 주겠다는 제안도 했다.

지금 서울신학대학에 재학중이라 하니 장로교 신학교로 전학하여 장로교 목사가 되어 달라고 강권했다. 신학공부하는 것이 너무 배고프고 춥고 고생스러웠기에 이분 선교사가 학비와 생활비 일체를 지원한다 하므로 선교사의 권

면 제안을 받아들여서 그 후 육지로 나와 서울신학대학에서 영남신학교로 전입학을 하여 수년을 지나 제16기로 졸업을 하고 결혼도 하고 삼남매 아이도 낳고 가정도 꾸리고 다시 장로회 신학대학교 목회학과에 진학을 하여 제66기로 졸업을 하게 되었다.

이때는 2남 1녀의 아이들이 태어났고 다섯 식구 가정이 있기에 장신대 앞 광장동에 사글세방을 얻어 살림을 하며 공부를 했는데 기숙사에 있는 친구 전도사들이 틈틈이 내 집에 와서 먹기도 하고 자기도 하고 쉬기도 했으니 그 때는 신학공부 중이라도 그 선교사의 도움으로 부자 부럽지 않게 살았었다.

장신대를 졸업할 무렵 학비와 생활비 일체를 도와준 그 선교사가 불러서 그의 사무실로 갔더니 미국에 있는 한 성도의 가족사진 한 장을 내어놓으며 말했다.

"지금까지 오 던도사님의 학비와 생활비를 도와준 미국의 성도의 가정입네다. 미국에 유학하십시요! 미국의 이 성도가 초청장을 보내왔습니다. 미국에 유학을 가면 이 성도가 모든 것을 책임지는 스폰사 되어 주기로 했습니다."

이 얼마나 고마운 일인가? 내게 있어서 다시없는 축복의 기회요 남들이 얻지 못할 천재일우의 찬스였지만 그때는 경기도 양평에서 개척교회를 하며 자원하여 새마을 지도자가 되어 일하고 있었기에 미국의 스폰서 성도의 초청을 거부할 수밖에 없었다. 나는 지금도 '아깝다, 내가 잘못 판단했었다' 하는 후회를 하곤 한다.

또 하나 나의 목회생활 50년 중 크게 후회하는 일이 있다.

1974년 서울 서노회에서 목사안수를 받은 후 어느 친구 아버지 목사님의 소개로 서울 서대문구에 있는 ○○○동 교회를 담임하게 되는 길이 열렸다. 그 교회는 이북에서 혈혈단신으로 월남한 목사님이 개척 설립한 교회로 당시 500여 명의 교인이 있는 장래가 밝은 교회였다.

한 가지 조건이 있는데 그 교회를 개척 설립한 그 목사님이 세종로에 있는 여걸 재벌인 ○○○○다방 여 사장과 재혼을 하게 되어 교회목회는 부업처럼 부인의 재산관리와 다방 운영하는 일이 본업처럼 되어져서 그 교회를 후임자에게 물려준다는 것이다.

그러므로 3년간은 자기가 당회장으로 주일 낮예배 설교만 하고 그 외의 모든 목회활동은 당회장의 일까지도 나에게 맡기며 3년 후 그 목사님이 은퇴하면 나를 위임목사로 하여 그 교회를 맡긴다는 조건으로 부목사로 부임하는 일이었다.

이도 역시 나에게는 다시없을 좋은 기회요 목회생활에 큰 축복의 기회였는데 그때도 경기도 양평에서 모범 새마을 지도자 노릇 하느라고 이 좋은 청빙을 거절했다. 지금 생각하면 후회가 되는 일이다.

지금 그 교회는 2,000여 명이 모이는 큰 교회가 되었다.

주님 뜻대로 살기로 했네

주님 뜻대로 살기로 했네

주님 뜻대로 살기로 했네

뒤돌아 서지 않겠네

제4부
모범 새마을 지도자 전도사

장로회 신학대학원 졸업반 시절 선배목사님의 소개로 경기도 양평에 있는 ○○○○교회의 담임 전도사로 가게 되었다.

이 교회는 서울 용산구에 있는 도원동교회(당시 당회장 김성수 목사님)에서 남한강 강변에 여름철 중고등부, 청년부 수양회 수련장으로 사용할 목적으로 개척해 놓은 교회였다.

이 교회를 2년간 시무한 전임 전도사가 간경화증으로 교회 사택에서 세상을 떠났다. 몇 명 안 되는 교인들도 교회에 갔다가 병 오른다고 떠나버려 내가 부임하고 보니 교인이 10여 명 뿐이었다.

양평읍에서 남한강 큰 다리를 넘어 강변으로 비포장 소로로 약 30리 길 겨울철 이삿짐을 싣고 가던 짐차가 20리 밖에서 언덕길을 오르지 못해 눈길 빙판 길 위에 이삿짐을 내려놓고 돌아가 버렸다. 춥고 배고프고 서글픈 이사를 하고 그 교회 목회를 시작했는데 그곳은 전화도 전기도 없고 버스도 들어오지 않는 오지였다.

나룻배를 타거나 겨울에는 빙등(氷登)으로 강을 건너 10리를 걸어서 국수리 역에서 기차를 타고 서울에 나가고 아니면 30리를 걸어서 양평읍에 나가 시장을 보아야 한다. 한 마디로 시작부터 불편하고 서글픈 목회의 길이었다.

비좁은 사택 헛간 같은 방에 이삿짐을 대강 정리하고 주일을 지나서 그래도 그곳이 면 소재지라 면사무소, 경찰지서, 우체국, 농협, 국민학교 등 기관이 있는지라 전도사로서 예의를 갖추기 위해 기관장들에게 부임 인사를 하러 나갔다.

면사무소에 찾아가 면장님을 만나 정중히 인사했다.

"오명근 전도사입니다. 이번에 ○○○○교회 전도사로 부임했습니다."

면장이 자리에서 일어나 반말 비슷하게 "아! 그래요" 하더니 밖으로 나가 버린다. 한참을 기다려도 들어오지 않아 부면장을 불러 면장님이 어디 가셨느냐 물으니 '새마을 사업장에 가셨습니다' 했다.

인사하러 찾아간 손님을 이리도 냉대하며 교회 전도사라니 사람 대접도 않는구나 싶었다.

'이놈 두고 봐라. 머지않아 너 면장, 대가리를 내 앞에 숙이게 될 것이야!'

속으로 이 말을 꿀떡 삼키고 돌아서 나왔다. 그리고 면사무소 앞에 있는 국민학교 교장을 찾아갔다.

교장실에서 교장을 만나보니 완전한 대머리에 연세도 많

고 점잖게 생긴 어른이라 깍듯이 머리 숙여 인사했다.

"교장 선생님! 이번에 ○○○○교회에 부임한 오명근 전도사입니다. 선생님을 뵈오니 저의 아버님을 뵈온 것 같습니다. 저의 아버님도 국민학교 교장으로 30년을 봉직하시고 정년 퇴임을 하셨습니다."

이 교장 역시나 겨우 마지못해 인사를 받는 척하더니 자리에서 일어나 운동장 밖으로 나가는 것이 아닌가. 교감을 불러 물어보니 교장 관사에 점심을 먹으려 나갔다고 했다.

'이 늙은 대머리 놈, 내 앞에 머리를 숙이리라! 두고 봐라!'

여기서도 이 말을 속으로 외치며 주먹을 불끈 쥐고 교무실에 다른 선생님들에게 간단히 목례를 하고 돌아 나왔다.

경찰지서에서도 농협 조합장실에서도 우체국장을 만나도 이들이 모두가 사람 대하는 것이 말이 아니었다. 그때나 스스로 깨달은 것은 그 지역에서 교회가 권위를 상실했고 전도사가 중한 병이 들어 골골했으니 전도사 알기를 거지 발새에 때만큼도 취급하지 않는구나 하는 것을 알았다.

그렇다면 어떻게 해야 교회의 권위를 회복시키고 무엇을 하면 이 지역에서 실추된 전도사의 명예를 되돌려놓을 수 있을까? 방법은 없는 것인가?

그 날 밤 교회에 엎드려 밤새도록 기도했다. 그래서 결심한 것이 '내가 자원해서 마을의 새마을 지도자가 되자, 무엇인가 이 지역에서 교회가 앞장서고 전도사가 솔선수범하여 주자, 베풀자, 봉사하자, 희생해 보자, 물질로 마음으로 사랑으로 몸으로 이 지역 사람들이 교회를 바라보는 눈이 달라지도록 기관장들 머릿속에 전도사를 생각하는 태도가 달라지도록 어떠한 수단 방법을 다 동원해서라도 이곳 사람들에게 감동을 주는 교회를 만들어 보자' 하고 마음속으로 굳게 다짐하고 결심을 했다.

이를 실천하기 위해서는 먼저 해야 할 일이 있었다. 교회 건물을 교회답게 만들고 전도사 사택을 기관장들을 불러들일 정도로 깨끗한 응접실을 넣어 다시 짓는 일이다.

계획한 대로 그 일을 추진하는 것은 쉬운 일이 아니었다. 제직회라 하기보다 교인 총회를 열었다. 나의 결심과 앞으로의 계획을 발표하자 모든 교인이 한 사람도 반대 없이 만장일치로 동의했다.

창고 건물같이 블록 시멘트 벽돌에 슬레이트 지붕을 덮은 뱃집으로 되어 있는 교회 건물을 앞 부분 출입구 현관을 2층으로 증축하여 붙이고 그 앞부분 현관 지붕을 함석으로 뾰족이 높이 만들어 씌우고 미장과 도색을 하고 보니 그래도 교회 같은 모습이 되어졌다.

집사님 중에 전문 기술자는 아니라도 벽돌 쌓는 일을 조금 도와주는 분이 있었고 그 외에 목수일, 미장일, 도색일, 함석일 모두는 내 손으로 했다. 너무 힘들고 어려웠다.

교인들이 "전도사님이 참 잘 하십니다. 이만하면 일류 목수입니다" 하며 칭찬하고 좋아하니 나는 그 소리에 힘과 용기를 얻어서 밤낮으로 열심히 일을 했던 것이다.

그 다음은 전도사 사택을 새로 짓는 일이었다. 시멘트 블록으로 돌아가며 담을 쌓고 슬레이트로 지붕을 덮은 집이었다. 큼직하게 방 2개와 앞에 응접실 거실을 꾸미고 안방과 작은방 사이에 주방을 만들었다.

블록 조적 하는 일은 집사님이 도왔고 그 외에 목수일, 미장일, 방에 구들장 공사까지도 내 손으로 했다. 그 사택을 건축하고 나서 조그만 집 짓는 일은 목수 미장이 없이도 나 혼자 손으로도 할 수 있다는 자신감이 생겼다.

어려움도 많았다. 지붕공사를 하던 중 서까래 간격을 너무 넓게 하여 슬레이트를 덮으면서 발을 헛디뎌 슬레이트가 깨어지고 발이 푹 빠지며 서까래 하나가 부러지는 바람에 여러 장의 슬레이트를 안은 채 땅바닥에 떨어져 허리를 다치고 머리가 깨어져 피를 흘리며 왼쪽 팔꿈치 뼈가 위골이 되기도 하여 몇 날 동안 일을 못하고 누워 있기도 했다.

무슨 명목을 붙여서든 구실을 만들어 지역 내의 기관장들을 교회 사택에 불러모으게 할 목적으로 짓는 것이라 응접실과 거실만은 깨끗하고 넓게 잘 꾸미려고 했다.

사택 공사가 마무리되어 갈 무렵 면장을 만나고 군수를 찾아가 교회가 있는 마을 운심1리雲心1里의 새마을 지도자가 되겠다고 자원했다.

면장, 군수는 고맙다면서 새마을 지도자로 임명해 주었다. 그때부터 새마을 지도자로서의 일을 하기로 하고 먼저 마을 이장의 협조로 동민을 모두 교회로 불러모아 식사 대접을 잘 하고 내가 이 마을의 새마을 지도자라고 인사했더니 온 동민이 박수를 치며 환영해 주었다.

그로부터 추진했던 새마을 사업의 중요한 것 몇 가지를 여기에 소개한다.

1. 전기 전화 가설 사업 추진

지금으로부터 33년 전 1973년도의 일이었다.

나는 이렇게 부르짖었다.

"그래도 명색이 면소재지라 여러 기관이 다 들어 있는 동네인데 문명의 혜택을 전혀 받지 못하는 것은 안 될 일이다. 서울에서 불과 100리밖에 안 되는 코밑에 3만 명이 살고 있는 이곳에 전기 전화가 들어오지 않는다는 것은 말이 안 된다. 이대로 있을 수 있는가?"

가까이는 면장과 양평 군수에게, 더 나아가서는 조병규 경기도지사에게, 한전 본부, 체신청, 전신전화국 본청, 전기, 전화와 관련 있는 모든 기관, 지방 사무실, 중앙 본부 어디나 안 찾아간 곳이 없고 한두 번이 아니라 몇 번씩이라도 찾아다니며 생떼를 쓰다시피 졸라대고 매달려 3개월만에 전기가 들어오고 전화가 들어왔다. 전깃불이 밝혀지고 전화가 개통되던 날 동민은 물론 면민 전체가 새마을 지도자 만세를 부르며 기뻐하고 춤을 추며 좋아했다.

2. 20Km 도로 포장과 버스 노선 개통사업

　면소재지에서 양평 읍내까지 버스가 통행할 수 없는 소로가 약 30Km, 소재지 아래 마을까지는 약 20Km 인데 이 길을 버스가 통행 할 수 있는 포장 도로로 개통하는 사업은 여간 힘드는 일이 아니었다.

　엄청난 공사비가 소요되고 산을 깎아내고 바위를 깨어내며 개인 소유지인 농토와 임야를 흡수해야 했다. 측량을 하고 보니 상당한 보상을 하고 점유해야 할 개인 주택도 12채나 되었다. 약 20M, 30M의 교량이 4개 처, 도로 밑으로 통과시켜야 할 암거(숨은 시멘트 콘크리트 교량) 공사도 9개나 되었다.

　이 사업을 추산해 보면 33년 전 공사비로 약 80억 원이 소요되었던 매우 힘들고 어려운 공사였다.

　마침 내가 시무하는 교회를 개척한 서울 도원동 교회에 자유당 말엽 감사원장을 지낸 김용하 장로님이 계셨고 그 장로님이 내가 하는 목회일과 교회일, 새마을 운동 사업 등을 물심양면으로 많이 도와주신 분이었다. 내가 김 장로님을 찾아가 말씀 드렸더니 당시 경기도 도백인 조병규 지사가 김장로님 밑에서 과장을 지낸 분이라 하며 같이 도백을 만나러 가자 하셨다.

수원에 있는 경기도청 도지사실에 가서 김용하 장로 명함을 비서실에 내 놓으니 잠시 후 도지사가 밖으로 나와서 "아이구 영감님! 이 어인 행차십니까?" 하고 머리 숙여 장로님께 인사를 드리고 도백실로 모시고 들어가 고급 한방 차를 대접했다.

장로님이 도지사에게 나를 소개하였다.

"이보게 도백! 이분과 인사하게! 이분은 양평 강하면에서 목회하는 전도사님이야! 이분이 자원해서 그 마을 새마을 지도자로 큰 일을 하고 있는 분이야! 이분이 조 지사에게 특별히 할 말이 있다기에 내가 모시고 왔다네."

소개를 받은 도지사가 자리에서 일어나서 내 앞에 허리를 굽혀 인사를 하는 것이었다. 김 장로님 소개로 도지사가 내 앞에 허리를 굽혀 인사를 할 만큼 되었으니 이만하면 내가 도지사에게 무슨 요구를 해도 어떤 청원을 해도 될 것 같은 자신과 용기가 생겼다.

"존경하는 도지사님! 지사님이 다스리시는 이 경기도 안

에 면 소재지인 데도 버스가 들어갈 도로도 없이 버려진 곳
이 있다는 것을 알고 계십니까?”

내 말에 도지시가 깜짝 놀라는 기색으로 물었다.

“아니! 우리 경기도에 그런 곳이 있단 말입니까? 죄송합
니다. 솔직히 말씀 드려서 그런 오지가 있다는 것을 몰랐습
니다.”

옆에서 김장로님이 거들었다.

“이보게! 도백! 자네가 모르고 있는 그 오지에서 이분이
전도사님을 하며 자원해서 새마을 지도자가 되어 헌신적으
로 희생해 가며 일하고 있어! 이 사람아! 도 건설자금 좀
풀어서 이 전도사님의 요청을 들어 주어! 포장도로 닦아주
란 말이야!”

이어서 나는 그곳 실정을 소상히 설명했다.

“존경하는 도지사님! 그곳은 면소재지입니다. 면사무소,
경찰지서, 국민학교, 농협, 우체국 등 각종 기관이 들어 있
습니다. 약 3만 명의 인구가 30리를 걸어다니며 양평 장을
봅니다. 남한강에서 위험한 나룻배를 타고 다니며 겨울이
면 강물이 꽁꽁 얼어 붙기를 기다려 빙등氷登을 하며 내왕을
합니다. 버스가 통행할 수 있는 포장도로를 건설해 주십시
오!”

나는 아주 간곡히 도지사 앞에 머리를 조아리며 청원하였다.

이 말을 듣던 조병규 지사님이 즉시 대답하였다.

"예, 잘 알았습니다. 길을 닦아 드리겠습니다. 저는 이 김영감님의 말씀을 거절 못합니다. 이분 김영감님 말씀은 곧 법입니다. 반드시 해야 할 일, 안 하면 안 되는 일이기에 본인 도지사에게 말씀하시는 것이니 속히 서둘러 포장도로 개통 사업부터 실시하겠습니다."

"오전도사님! 참 고맙습니다. 제가 미처 모르고 있던 일을 깨우쳐 주셨습니다. 내일 당장에 도 건설국장을 데리고 현지 답사를 하겠습니다. 안심하고 돌아가십시오! 그리고 계속해서 수고 많이 해 주십시오!"

이 같은 확답을 받고 도지사와 작별 악수를 하고 돌아오는데 어찌나 기뻤던지 저절로 어깨가 으쓱해지고 발걸음이 껑충껑충 날아가는 기분이었다.

김용하 장로님은 자유당 말엽 돈방석이라 부르는 감사원장 자리에 앉아서도 털끝 만한 비리나 부정 없이 청렴결백했던 분이었다. 그런 분 아래서 과장노릇을 하던 도지사였으므로 무조건 복종할 수밖에 없는 처지였다.

나는 돌아와 도지사 영감을 맞이할 준비를 했다. 물론 교회 로 모실 생각에 간단한 다과와 포장도로 개통을 위한 공사계획, 사업계획, 토목공사계획, 차트 궤도, 약도 도면과 함께 그럴 듯하게 밤을 새워 준비했다.

이튿날 오전10시 경 약속대로 도지사가 오셨다. 김용하 장로님도 미리 와 계셨다.

도지사가 행차하시니 군수도 경찰서장도 함께 왔으며 면장, 학교장, 지서장 등 모든 기관장들이 줄줄이 찾아와 교회 안에 엎드리게 되었다.

도지사, 군수, 경찰서장, 면장은 물론 함께 수행한 30여 명 각계 기관장들을 모두 줄을 지어 앉혀 놓고 내가 강단에 올라가 두 손을 번쩍 쳐들고 기도를 했다.

그리고 차트 궤도를 척척 넘겨가며 지도 도면 설계와 함께 포장도로 개통사업, 토목공사 계획과 교량공사, 암거공사를 멋지게 발표했더니 모두가 박수를 힘차게 쳤다.

브리핑을 마치고 강단에서 내려오니 그 자리에서 도지사가 일어나 감탄사를 연발했다.

"오전도사님! 참 훌륭하십니다. 건설업이나 토목공사에 전문가도 아닌 교회 전도사님으로서 어쩌면 이렇게 전문가도 놀랄만한 공사 사업 계획을 수립하셨습니까? 정말 놀랐습니다. 감탄했어요! 이만한 지도자가 그렇게 흔합니까.

오늘 저는 훌륭한 지역의 일꾼을 만나 매우 기쁩니다. 고맙습니다.”

도지사는 곧 이어서 도 건설국장, 군수와 군 건설과장, 그리고 면장에게 사업 지시를 했다.

“이 사업을 하실 공사 실무 담당자 여러분! 여기 오전도사님이 만들어놓은 계획이 타당성이 있고, 참 잘된 설계로 생각됩니다. 이 계획과 설계대로 공사하도록 하십시오! 건설 경비, 공사비는 도 건설비, 군 건설비에서 지원하기로 합시다.”

이렇게 하여 포장도로 개통 사업이 도지사, 군수를 통하여 시공되도록 확정되었다. 이쯤 되고 보니 면장, 교장, 지서장 모든 기관장들이 내 앞에 머리를 숙이게 되었다.

“우리도 전도사님 하시는 일에 최대한 협조합니다.”

이렇게 말한 후 그들은 주일 예배에도 나와 앞자리에 앉아 주었다. 이것이 전도사가 새마을 지도자가 된 보람이요 간접전도의 결실이 아니겠는가?

○○토건회사에 맡겨져서 도로공사가 진행되는 동안 나는 면허 없는 감독 감리관으로 나가서 살피고 지시하고 요구하면서 전국 어느 도로공사보다도 튼튼히 완벽하게 공사가

되도록 하였다.

드디어 도로공사가 완공되고 경기여객 버스회사가 서울에서 그곳까지 정기로선 배정을 하고 도지사, 군수 기관장 등 100여 명 인사들이 모여서 도로개통식을 하던 날 나는 도지사와 나란히 가운데 서서 개통 테이프를 자르고 우레와 같은 축하 박수를 받았다.

면내 기관장들과 유지들이 합의하여 이 도로 공사중 가장 난공사였던 현장에 '오명근 전도사 공적비'를 세우겠다는 것을 뒤늦게 알고 이를 기어코 만류하는 데 매우 힘이 들기도 했다.

그 도로는 33년이 지난 오늘날까지도 보수공사 한번 없이 든든히 놓여 있다. 면민 전체가 그 도로는 교회가 만들었다고 생각했고 그 후로 교회의 전도활동에도 얼마나 도움이 되었는지 모른다.

"하나님 은혜 감사하고 감사합니다. 도로건설, 토목공사에 아무것도 모르는 나를 이렇게 써주셨나이다. 하나님께 이 모든 영광을 돌립니다. 김용하 장로님, 조병규 도지사님을 축복해 주옵소서!"

나는 이렇게 감사 기도를 드렸다.

3. 마을 안길 다듬기 꽃마을 조성 사업

포장도로가 개통되고 버스가 왕래하면서 새마을 사업으로 도로 주변의 조경사업, 꽃길 조성사업, 마을 안길 넓히기, 다듬기 사업, 꽃마을 조성사업 등을 추진하기로 계획하고 새마을 일심회(一心會, 그 마을이 운심1리였음) 청년회원들을 여러 차례 회집하고 구체적인 사업추진계획서를 만들었다.

먼저 교회 마당 한쪽에 큼직한 온상을 만들어 여러 가지 꽃모종을 기르기로 했다.

일심회 회원들은 교회에 모여 2m×6m로 땅을 1m 깊이로 파고 산에서는 낙엽을, 소를 먹이는 회원 집에서는 외양간 거름을 내고 인분도 퍼부어 열물 밑거름을 두툼히 깔고 부드러운 모래흙을 덮어 온실을 만들었다.

남쪽은 낮게, 북쪽은 40Cm 가량 높게 온상 둑을 만들어 유리문을 덮어 햇볕이 잘 들도록 온상을 만들었다.

회원들이 열심히 모아온 꽃씨를 수집하니 채송화, 백일

홍, 맨드라미, 만수국, 금잔화, 봉선화, 분꽃, 깨꽃, 클로버, 판지꽃, 해바라기, 코스모스, 접시꽃, 대개 이런 꽃씨들인데 내가 서울에 가서 좋은 꽃씨들, 일본, 중국 등지의 외국 꽃씨들도 구하여 와서 온실에 이름을 써 붙이고 파종을 했다.

꽃모종이 자라는 동안 꽃길 조성에, 화단 만들기에 쓰여질 꽃나무들도 수집했다. 산에서 철쭉꽃, 개나리, 장미꽃, 진달래, 모란꽃, 무궁화, 백합, 나무백일홍, 라일락, 목단, 수선화 등을 구입하기도 하고 수집도하여 모았다.

산에서 나는 산 벚나무 씨를 구하여 묘포장에 씨를 파종하니 3개월 후 싹이 트고 자라서 1m 정도 자랐을 때 땅에서 7Cm쯤에 예리한 칼로 비스듬히 잘라 일본에서 구해온 겹 벚나무 가지를 접붙여 약 2000본의 겹 벚꽃나무를 길러서 꽃길, 꽃마을조성에 쓰기도 하고 면내와 군내에 보급한 것이 지금은 그곳 양평, 강하면, 강상면 일대에 큰 겹 벚꽃나무들을 많이 볼 수가 있다.

일심회 회원들을 데리고 큰 도로에는 군데군데 타원형의 화단을 만들어 온갖 꽃들을 '강하', '운심'이란 글자를 새겨 보기 좋게 심고 가로수 대신 겹 벚나무, 나무백일홍, 무궁화, 철쭉, 등을 조화 있게 심었다.

마을 주변과 마을 안 길에도 온갖 꽃들을 가득히 심었고 집집마다 마당 한쪽에 화단을 만들어주고 꽃들을 심어 주었다.

나중에 둘러보니 집집마다 경쟁이라도 한 듯이 우리 새마을 일심회에서 심어준 꽃들 외에 더 좋은 꽃들을 구하여 멋지게 화단을 가꾼 집도 있었고 어느 회원의 집에는 일류 화원에서처럼 마당 주변을 돌아가며 인조석, 조경수, 물레방아 설치, 소나무 연송 등으로 고급 정원 화단을 만들기도 하여 정말 문자 그대로 꽃마을 조성이 되어졌다.

이 소문이 나서 전국에서 새마을 지도자들이 꽃마을 조성 시범지로 견학을 오게 되었고 사진을 찍어 가기도 했다.

어느 유명한 사진작가가 마을 전체가 꽃들로 장식된 꽃마을 전경을 멋지게 보기 좋게 찍어 주어서 이 사진을 면사무소, 군 홍보실, 도청 현관에 부착하게 되었고 청와대 박대통령 집무실에도 붙이게 되었다.

군청 새마을과에서 홍보용으로 이 사진을 전국 새마을 지도자들에게 보내 주어서 우리 마을의 성공적인 꽃마을 조성사업이 전국에 소문이 나게 되었다.

그 후에 전국의 새마을 지도자들이 자기들 고향에서 좋은 꽃나무, 꽃씨들을 다투어 보내주어 우리 운심리의 꽃마을은 더 고급스러운 꽃과 꽃나무들로 가득 차게 되었고 물론 교회 주변과 교회마당은 세계의 꽃 전시장이나 꽃 전람회장같이 꾸며 놓았으니 그 마을은 전국 제일의 꽃마을로 유명하게 되었고 교회는 꽃마을의 중심 센터 역할을 하니 마을 사람들이 저절로 교회를 찾아오게 되고 지역 주민들과 교회 전도사 사이에 간격 없는 대화길이 열리게 되었다.

교회당을 마을 회관처럼 마을의 모든 행사와 마을 사람들이 자유롭게 출입하도록 개방하여 온 마을 사람들이 교회를 좋게 보고 고맙게 생각하게 되어 온 마을 사람 전체가 교인같이 보이게 되었다. 주일 예배에 부르지 않아도 새마을 일심회 회원들이 그리고 많은 사람들이 몰려오게 되었다.

전도사가 새마을 지도자로 마을을 위해 그 지역을 위해 희생하고 수고하니 저절로 교회 선전이 되었고 모일 때마다 예수 자랑 천국소개, 주님 이름으로 기도하고 하니 그것이 바로 복음전도요 교회 부흥이었다.

33년이 지난 지금도 그 지역에는 그때 보급한 꽃나무, 꽃들이 많이 남아 있으리라 생각된다.

하나님 은혜 감사합니다.

4. 소득증대를 위한 비육우단지 조성 사업

1974년 전국 새마을 지도자 대회가 전라도 광주에서 열렸는데 그 대회에서 내가 '모범 새마을 지도자 상'을 받고 대통령으로부터 직접 훈장을 목에 걸게 되었고, 그때에 상금으로 박정희 대통령의 하사금 5,000,000원을 받았다.

모두 10명이 받았는데 경기도에서는 나 혼자였다. 나중 얘기를 들으니 군수와 도지사가 나를 추천해 주었다는 것이다.

대통령의 하사금 5,000,000원으로 무엇을 할까? 생각하다가 양평군 새마을과장의 권유로 홀스타인 젖소 수송아지를 비육우로 길러 내는 단지 조성 사업을 하기로 했다.

한우 비육우는 큰 소를 구입하는 데는 자금이 많이 소요되고 송아지를 기르는 데는 홀스타인 젖소가 어릴 때 성장률이 높다 한다. 이것도 생후 일주일내의 수송아지를 아기 키우듯이 우유를 먹여 길러서 풀을 사료를 자유로이 먹을 만큼 약 6개월을 기르는 과정이 있고 5,6개월 된 송아지를 약 6개월 간 길러 1년된 송아지로 기르는 중간 과정이 있고 1년 이상된 어린 소를 약 2년을 더 비육우로 길러서 식용으로 넘기는 과정이 있다고 배운 대로 우리 일심회에서는 우선 송아지 구입에 비용을 생각해서 제일 어린 것 생후 3,4일 된 갓난 송아지 아직 배꼽도 떨어지지 않은 것, 목장에서는 어린 수송아지는 무가치하게 여기고 헐값에 내버리는 것을 당시에 마리당 만 원씩을 주고 경기도 남양주 마석 지방의 목장에서 40마리를 구입하여 일심회 회원 20명이 모두 가서 자기가 기를 것 2마리씩을 안고 왔다.

그리고 마리 당 20만 원에 생후 5,6개월 짜리 풀과 사료를 맘대로 먹을 수 있는 것도 40마리를 구입하여 회원들에게 2마리씩 나누어주어 결국 일심회 회원20명이 홀스타인 젖소 4마리씩을 갖게 되었다.

이 회원 20명은 그 마을 집집마다 1명씩 꼴이니 일심회는 곧 그 마을 전체와도 같았다. 이렇게 하여 강하면 운심1리 마을은 '홀스타인 젖소 비육우단지'가 조성되었다.

그런데 문제가 생겼다. 목장에서 어린 송아지 기르는 방법을 배우기는 했으나 모든 회원들이 젖소를 길러본 경험도 없고 더구나 생후 3,4일 짜리 갓난 송아지를 안고 와서 강아지를 키우듯이 송아지 집을 만들어서, 어떤 회원은 방안에서 우유를 먹이면서 며칠을 기르던 중에 이집저집에서 송아지가 병이 들었다고 연락이 왔다.

달려가 보면 송아지 배가 빵빵 소리가 날만큼 부어 있고 우유도 잘 먹지 않았다. 다급한 나머지 양평읍의 가축병원 수의사를 불러 왔더니 소화불량이라 하며 소화제 약을 지어주고 갔다.

송아지를 구입해온 일주일만에 우유 먹이던 송아지 2마리가 죽었다. 이러다가는 이 어린것들 다 죽인다고 생각하니 모든 책임이 나에게 있는 터라 밥이 넘어가지 않고 잠이 오지 않았다.

수의사도 모른다. 단순한 소화불량만은 아니구나 하는 생각이 들어서 5번째 죽은 송아지를 안고 불쌍하다 하며 울다가 기왕 내버릴 것 사체 해부를 해보자 결심을 하고 면도 칼로 배를 갈라 보았다.

그런데 이것이 웬일인가? 배를 갈라 보니 안은 깨끗한데 배꼽에서 누렇게 변색이 된 화농 고름이 세수 대야로 하나가 될 만큼 쏟아졌다. 그래서 발견한 것은 송아지가 소화불량이 아니라 우리 마을에 오기 전부터 불결한 목장에서 이미 배꼽에 화농균이 침투되어 있었던 것이다.

그때부터 약방에 가서 소독약 페니실린 주사약, 상처를

깁는 바늘과 실 등을 사서 집집마다 다니며 우유를 잘 먹지 않는 송아지, 배가 빵빵해진 놈들은 무조건 배를 갈라 고름을 제거하는 수술을 했다.

그렇게 하여 8마리를 수술하고 치료하여 살려 놓았더니 모든 회원들이 또 마을 사람들이 '전도사님은 수의사보다 낫습니다' 하는 소리를 했다.

젖소 송아지를 가진 회원들은 집집마다 이 송아지를 자기 집의 재산이라 생각하고 모두가 열심히 정성껏 길렀다. 우유만 먹이던 어린 송아지가 잘 자라서 5,6개월부터 풀도 먹고 사료도 먹게 되었고 5,6개 월 짜리는 자라서 1년 이상 되는 큰송아지가 되었다.

농촌 농가에 그래도 소가 4마리나 자라고 있다는 생각에 모든 회원들은 회장이며 새마을 지도자인 나에게 고맙다는 인사를 깍듯이 하였다.

한번은 일심회 회원들을 서울로 데려다가 관광도 하고 서울 도원동교회(김용하 장로님, 김성수 목사님 교회)의 초청으로 해서 회원들을 하루 잘 대접할 목적으로 1박 2일의 자전거 여행을 실시하게 되었다.

자전거는 집집마다 있는 것으로 하고 없는 회원이 4명이 있어 양평에서 3000리 자전거 집에서 빌렸다. 20명 회원

들이 붉은 색 트레이닝을 똑같이 맞추어 입고 머리에 흰 수
건을 둘렀다.

월요일 아침 8시 교회 마당에 20명이 집결하여 환송 나
온 면내 기관장들과 함께 출발 기도회 예배를 드리고 기관
장들의 찬조금 봉투를 받아 출발했다. 맨 앞에는 인솔 대장
으로 나 오명근 전도사가 목에 호루라기를 걸고 선글라스
를 쓴 채 출발 호루라기를 불었다.

모든 대원들이 일정한 간격으로 일렬 종대로 달렸다. 골
목에 나온 동민들이 박수를 쳐주며 기관장들이 손을 흔들
어 주며 잘 다녀오라고 환송해 주었다.

대원들 중에는 17세 어린 대원이 하나 있었고 한 대원은
긴 파마머리를 한 사람이 있어 '휘날리는 파마머리'라는 노
래 가사를 즉흥적으로 지어서 군가 '용진가'에 맞추어 힘차
게 군가를 부르기도 했다.

내 자전거에는 비상 의약품과 간단히 먹을 음료수와 빵
등을 무겁게 실었기에 약간 오르막길에는 상당히 힘이 들
었다. 약 40분 걸려 미리 연락해둔 양평 군청 마당에 도착
해 보니 「강하면 운심1리 모범 새마을 역군들의 자전거 여
행을 환영합니다」라는 대형 현수막이 걸려 있고 군수, 경찰
서장 등 여러 명의 군청 직원들이 나와 박수를 치며 환영해

주었다.

그때 군수영감이 내 놓은 금일봉은 상당한 금액이어서 우리들의 여행에 큰 보탬이 되었다. 양평에서 서울까지는 약 40Km, 100리 길인데 여러 차례 경치 좋은 강가나 그늘나무 아래 쉬면서 둘러앉아 빵과 음료수, 통닭구이를 나누어 먹으며 사진도 찍고 노래도 불렀다.

국도를 주름잡으며 일렬종대로 늘어선 20명의 자전거 부대, 붉은 트레이닝 차림에 맨 앞장선 선글라스의 대장부터 멋지게 보였고 모든 대원들이 부푼 가슴을 안고 신바람 나는 여행, 젊은이들의 추억을 만든 여행이었다.

그 날 12시경 서울에 도착하여 서울 시가지 한복판을 가로질러 남산으로 올라갔다. 복잡한 서울 한복판이지만 인솔대장이 앞장서서 호루라기를 불며 달려가면 우리가 마치 국가대표 사이클 선수나 되는 것처럼 생각하고 신호등도 관계없이 교통순경이 다른 길을 모두 차단하고 우리들을 무조건 통과로 길을 열어 주었다.

그럴수록 대원들은 신바람이 났고 무슨 개선장군이나 된 것 처럼 어깨가 으쓱해졌다. 너무 경사진 길은 내려서 끌고 오르다가 인솔대장이 자전거에 오르면 모두가 자전거를 힘주어 일어서서 밟으며 타고 올랐다.

남산에 올라 팔각정 앞에서 서울 시가지를 내려다보며 두 손을 높이 들고 모두가 한 목소리로 '할렐루야!'를 3번 연속으로 외치고 불렀다. 막혔던 가슴이 일시에 탁 트이는 상쾌한 기분을 경험했다.

"내려가자! 전 대원은 한번 더 자전거 장비를 점검하라. 내리막길이니 바람이 적으면 보충하라, 브레이크 이상은 없는지 반드시 점검하라, 이상 없나?"

"예! 이상 없습니다."

"그럼 됐다, 내리막길이니 속도를 줄여라! 조심하라."

"출발!"

모두가 조심하여 찌익! 찌익! 브레이크 잡는 소리를 내면서 삼분의 일 정도 내려올 때에 앞에서 4번째로 내려오던 바로 제일 나이 어린 17세의 허○○ 대원이 소리쳤다.

"대장님! 브레이크가 말을 안 들어요! 브레이크가 터졌어요!"

나는 깜짝 놀라 돌아보았다. 그 대원이 눈이 휘둥그래 가지고 자전거 핸들을 이리저리 비틀비틀 하며 쏜살같이 내리달렸다.

위기일발의 돌발사태가 벌어졌다. 그 순간 내 머리를 번개같은 생각이 지나갔다.

"저 아이를 붙잡아 막지 못하면 그대로 낭떠러지에 처박혀 죽는다, 육탄방어다, 주여!"

순간적으로 내 자전거는 자빠뜨려 놓고 날아오는 대원을 있는 힘을 다해 펄쩍 뛰면서 두 팔을 벌리고 자전거와 같이 껴안았다. 나는 대원과 함께 한 덩어리가 되어 길바닥에 주르르 미끄러지면서 구르다가 멈추어 섰다. 다행히 이 대원은 살렸지만 내가 자리에서 일어날 수가 없었다. 그 대원의 머리가 내 오른쪽 눈두덩을 받아서 눈 위가 터져 피가 주르르 쏟아졌다.

그 대원의 자전거 어느 모서리에 부딪쳐서 내 왼쪽 가슴에 살이 움푹 파이고 피가 흐르며 심장이 충격을 받아 숨을 못 쉴 지경이고 오른쪽 다리 허벅지도 트레이닝이 찢어지면서 살점이 100원짜리 동전만큼 움푹 패여 피가 주룩주룩 흘러 순식간에 피범벅이 되었다.

"주여 감사합니다. 내 몸이 조금 피가 나지만 이 어린 대원을 무사히 구할 수 있었으니 감사합니다."

나는 그런 와중에도 감사 기도를 했다. 대원들은 수건을 찢어 피를 막고 지혈시키기에 분주했다. 그 덕으로 나는 억지로 일어나 두 대원의 부축을 받으며 남산을 내려왔다.

서울 도원동교회 성도들이 우리 대원들에게 점심 대접을

하기 위해 약속 장소 식당에서 기다리고 있었다. 인솔대장이 부상으로 좀 늦은 시간에 남대문에 있는 유명식당에 도착하여 대원들은 불고기로 식사를 하게 하고 나는 김용하 장로님과 같이 병원으로 가 응급 치료를 받았다.

병원에서는 최대한 안정을 취하라 하지만 인솔대장으로서 병원에 누워 있을 수가 없어 치료를 받고 즉시 식당으로 돌아와 식사를 마친 대원들과 합류하여 무리하게 인솔대장 자리를 지켜 오후 관광에 들어갔다.

다행히 남산에서의 돌발사고가 있었으나 대원의 자전거는 크게 고장나지 않아 약간의 손질로 다시 움직일 수가 있었다.

남대문에서 광화문으로 중앙청 앞을 돌아 명동으로 우리나라에서 제일 크다는 영락교회를 구경시키고 다시 용산으로 효창공원 아래에 있는 도원동교회에 도착하여 모든 여장을 풀고 저녁식사를 잘하고 도원동교회가 안내하는 일류 호텔로 옮겨 쉬게 되었는데 대원들은 모두 처음 투숙해 보는 호텔이라 어리둥절했고 이튿날 무사히 여행을 마치고 교회로 돌아와 해산하면서 모든 대원들은 세계여행이나 한 것 같은 기쁨으로 서로 부둥켜안고 감사합니다를 연발하며 좋아했다.

이 여행으로 인해 모든 회원이 더욱 단합하게 되었고 서울의 큰 교회들을 방문하면서 신앙적인 체험도 하게 된 효과가 있었다고 본다.

5. 소득증대 사업 구약(蒟蒻)을 재배하다

　새마을 지도자로서 온 마을을 잘사는 마을, 부자마을을 만들 수는 없을까? 하는 생각에서 그 마을 농촌 마을에 적합한 소득증대所得增大 작물을 찾아 전국 여러 군데 앞섰다는 마을들을 방문하였다.

　그 중에서 발견 한 것은 충남 금산군 추부면 추부마을 새마을 지도자를 만나서 얻은 '구약재배蒟蒻栽培' 방법이었다.

　구약은 우리나라 야산에도 많이 있는 천남성과에 속한 다년생 풀이다. 땅속에 양파나 토란 근처럼 큰 구경球莖에서 힘 있고 긴 손바닥 모양의 겹잎이 여러 개가 우산 모양으로 나오는, 키 1m 가량 되는 식물이다.

　여름에 자갈색의 잔 꽃이 큰 불염포佛焰苞를 가진 육수肉穗꽃이 차례로 꽃줄기 위에 핀다.

　인도, 스리랑카, 태국, 말레지아 등지가 원산지이며 중국, 일본, 태국, 말레지아, 우리나라 등지에서 야산에 자생

하며 재배를 하기도 한다.

구약蒟蒻의 뿌리 구경球莖, 혹은 구약구蒟蒻球는 곤약崑蒻을 만들어서 제지용, 방수 페인트 용, 접착제 풀의 원료로 쓰기도 하나 주로 일본에서는 식품인 곤약구(Konjac)를 만들어 오뎅 요리에나 국, 나물 무침 등에 반드시 들어가는, 매 끼니 밥상마다 필수적으로 오른다 할 만큼 많이 식용으로 사용하는 것이다.

우리나라에서는 이 구경球莖,구약뿌리를 생부자라 하여 이를 생즙을 내어 마시면 즉시로 위장과 창자가 터져서 피를 토하며 즉사하는 사약死藥으로 쓸 만큼 독초毒草로 알고 있다.

그러나 이를 익히면 곤약구라는 주로 일본사람들이 즐겨 먹는 식품이 되지만 땅이 좁고, 농토가 좁은 일본 사람들은 이를 직접 재배하지 않고 동남아 일대 태국, 버마, 말레지아 등지의 야산에 자연 자생하는 량이 많아서 이를 수입하는 것이 본국에서 재배하는 것보다 더 낫다고 보아 지금도 전량을 수입하고 있음에 착안하여 우리나라에서 이를 대량 재배 하면 전량을 일본에 수출할 수가 있고 더 나아가 일본 사람들의 기호에 맞도록 곤약구 가공 공장을 세워 완전식품으로 수출을 한다면 더욱 고소득이 될 수 있다는 데 관심을 모아 충남 금산군 추부면 추부마을 새마을 지도자가 구약의 종근, 종구種根, 種球를 구하여 일차 시험 재배를 하고 있다는 것이었다.

필자도 '바로 이것이다. 우리 마을에서 시작하여 이 구약을 심자. 잘 하면 이것이 부자마을을 만드는 지름길이다'라고 생각하고 당장에 그 추부마을에서 종근種根 다섯 가마니를 구입하여 와서 교회 울타리 안에 150평 가량의 텃밭이 있는지라 여기에 '고소득 작물 구약 시험재배지'라고 입간판을 써 붙이고 시험재배에 들어갔다.

이 구약재배가 고소득 작물이라 하는 것은 일반 농토에 콩이나 채소를 심는 것보다 담배 계약 재배를 하면 다섯 배 소득을 올리고 담배보다 인삼재배를 하면 그보다 다섯 배, 인삼보다 구약을 재배하면 또 다섯 배로 고소득을 올린다고 하여 금산 추부마을에서는 인삼재배 하던 것을 다 뽑아내고 그 밭에 구약을 심는 이들도 있다고 한다.

이것이 사실이라면 구약재배가 얼마나 좋은 고소득 작물인가 하는 것이다. 일차 시험재배에서 성공을 했다. 종근種根의 크기는 작은 것은 자두, 살구 만한 것도 있고 큰 것은 사람 머리 만한 것도 있다. 종근으로 재배하기에 적당한 것은 보통의 주먹만한 것이 좋다.

일차 시험재배에서 구약구를 캐내어 보니 종구 하나에 새끼 종구 덩이가 다섯 개, 혹은 열 개 이상도 붙어 있었다.

숫자로 보면 평균 8배로 늘어났고 무게로 보면 평균 5배 정도는 늘어났다. 실험재배를 일차 해 보니 재배는 어렵지 않으나 종근 월동 저장種根 越冬 貯藏이 힘들었다.

구약은 섭씨 5도 이하면 얼어서 썩어 버린다. 캐낼 때 상처가 생기거나 종근끼리 부딪쳐서 상처가 생기면 동해凍害에 약하고 그래서 가마니 같은데 한꺼번에 모아 담아도 해롭다.

적은 량이면 사람이 거처하는 방안에 두면 되지만 많은 량을 저장하려면 온도와 습도를 맞추어 양잠 잠실에 잠반을 충층으로 하듯이 할 수 있는 저장고를 설치하여 구약 종근을 펴놓아야 한다.

정성을 들여 종근 월동을 시킨 이듬해에 새마을 일심회 회원들을 모으고 구약재배로 고소득작물 농가가 되어 보자고 역설을 하고 재배 방법을 교육하고 회원 당 한 가마니 정도씩 종근을 무료로 배부하였다.

모든 회원들이 의욕을 가지고 열심히 재배하여 그 해 집집마다 성공적으로 종근 수확을 하여 평균 7가마니씩을 생산했다. 이를 모으면 150가마니나 되는 구약 종근을 확보

한 것이었다.

당장에 대량의 종근을 저장할 저장 창고를 지을 수가 없어 재배한 회원들이 스스로 해결하도록 하여 집집마다 방 하나를 구약 종근 저장고로 임시 설치하기도 하고 혹은 회원 두세 명이 합하여 공동으로 저장하기도 했다.

그 이듬해 봄에 월동시킨 종근을 그대로 모두 심기도 하고 이웃에 나누어주기도 하여 약 150여 가마니 구약을 그 마을에 전량을 심게 되었으니 온 마을 어디를 가도 구약으로 가득 차게 되었다.

그 해 가을, 겨울에는 면내 다른 마을에도 면장과 함께 순회하며 고소득 작물 보급 영농교육으로 바빴다. 구약재배법蒟蒻栽培法이란 팜프렛 영농교육 교재를 만들었고 시험재배부터 그 마을의 구약재배 실황을 사진 찍어 교육용 궤도도 만들었다.

2년째 구약근을 수확하고 보니 그 마을의 총량이 약 1000 가마니가 넘었다. 불가불 이를 저장하기 위해 농협 창고 일부를 구약 저장고로 활용하여 연탄난로 몇 개를 설치하고 큰 창고에 가득히 구약 종근을 저장해 놓고 이른봄부터 새마을 일심회 회원들을 통해 면내 각 마을마다 집집마다 구약 종근 보급 판매를 실시했다.

종근은 한 가마니 당 8만원 정도로 약 1,000가마니를 판매하고 보니 약 8,000만 원이 되었고 이를 일심회 20명 회원들에게 분배를 하니 평균 4,000,000원이라는 소득을 일차로 올리게 되었다.

이렇게 하여 몇 년을 계속하여 겨울에는 군수 차를 타고 군내 각 면으로 리 단위 마을로 부지런히 다니며 영농교육을 실시하고 그곳에 종근을 보급하고 하여 면내 모든 마을에서 집집마다 구약 종근 보급 수입을 평균 5,6백만 원씩은 올리는데 성공을 한 셈이다.

면내 어디에 가도 어느 마을에서도 구약재배지를 볼 수가 있었고 집집마다 구약으로 가득 차게 되었고 면 지역을 넘어 타면에도 군내 여러 지역 여러 마을에서 구약 재배가 보급이 되었다.

그러나 이 구약 재배가 농가에 고소득 작물인 것은 사실이나 재배에 성공도 했으나 이를 계속 하기에는 몇 가지 벽에 부딪히게 되었다. 해를 거듭할수록 구약 종근은 7,8배로 늘어나 수천 수만 가마니가 되었으나 이를 일본으로 전량 수출하는 데는 실패를 했다.

일본 수출을 위해 누군가는 일본 현지에 가서 장기간 머물면서 일본에서의 곤약구 수입 업체들을 만나 바이어

(Buyer) 역할을 해줄 사람이 없었다.

내가 교회 교역자의 일, 전도사의 일을 전폐하고 일본에 가서 바이어(Buyer)가 되어 이일에 매달릴 수도 없고 본래 구약 종근을 구입해 온 금산 추부마을에서도 이를 해결하지 못한 채 재배를 중단하고 있는 실정이라 생산된 많은 종근, 구약근을 소비, 처리할 수 없어 이를 계속할 수가 없었다. 결국 벽에 부딪치고 말았다.

또 하나 계획한 것은 구약근을 원료로 하여 일본으로 수출할 곤약구 식품 가공공장을 건립하는 일이었다. 이 식품 가공공장을 건립하면 생산되는 구약근 전량을 수매하여 저장 창고에 저장해 놓고 일년 내내 공장을 가동시켜 가공된 '식품 곤약구'를 전량 일본으로 수출하게 되면 가공 공장은 연간 수백 억 불의 외화 획득이라는 실적을 올리게 되고 구약 재배 농가도 500여 평에만 재배를 해도 가구당 약 1억 원의 소득을 올릴 수 있는 것이 되니 새마을 소득증대 사업으로 꼭 해볼만한 사업이기는 하나 이 역시 거액의 공장 건립 자금을 조달할 길이 없고 공장을 건립하여 '식품 곤약구'를 가공해 낸다 해도 이를 일본으로 수출하는 길을 개척하는 데도 태산 같은 장벽이 가로 놓여 어렵고 힘드는 일이었다.

또 하나 이 사업을 계속하지 못할 이유가 생겼다. 내가 새마을 지도자를 자원하여 여러 가지 특별한 새마을 사업을 추진해 나갈 때에는 전도사였으나 수년을 지나는 동안 목사 고시를 하고 목사 안수를 받아서 목사가 되었다.

목사가 되고 보니 새마을 지도자 역할을 하는데도 예상치 못했던 어려움이 닥쳤다. 그 당시에는 도지사가 유능하고 성공적인 새마을 지도자를 면장이나 군 새마을 과장이나 군수까지도 임명하는 제도가 있어서 경기도 조병규 지사로부터 군수로 임명하겠다는 권유를 받은 바도 있었다.

한때는 도지사의 권유를 받아들여서 교회 목사 일을 사임하고 군수가 되어 곤약구 가공공장을 건립하고 군민 전체의 소득을 증대케 하는 이 새마을 사업을 계속 추진해 나갈까 하는 유혹을 받기도 했다.

그때 내 고향 경북 영덕에 있는 ○○○교회의 청빙을 받았다. 지방 교회지만 500여 명의 교회이며 12명의 장로가 있는 큰 교회이다.

이 교회가 교회 분열의 상처를 입고 기어이 나를 청빙하여 어려워진 교회를 수습해야 한다면서 거의 강압적으로 끌어당기는 지라 교역 일을 그만두지 않으려면 이 청빙을 받아 들여야 할 사정이 되어 불가불 그곳에서의 모든 새마을 사업 일체를 그곳 면장에게 일임하고 떠나게 되었다.

교인들과 일심회 회원들은 물론이고 온 동민, 면민, 기관 장들이 떠나지 말라고 잡으며 섭섭해 눈물을 흘렸다. 그러나 나는 떠나지 않을 수 없었다. 이삿짐을 실은 자동차가 여러 시간 붙잡힌 채 떠나지 못하고 울고 또 울었다.

일심회 회원 중 한두 사람은 기어이 가신다면 나를 따라 같이 가겠다고 매달리기도 했다.

뒤에 들은 이야기로는 내가 떠난 후 홀스타인 젖소 비육우 사업도, 구약재배로 하려던 소득증대사업도 흐지부지 중단되었다고 한다. 군수와 도지사로부터 곤약구 가공공장 건립비를 조달할 것이니 다시 올 수 없느냐는 제안도 받았다.

얼마 전 30년 만에 그곳을 찾아가 보니 그때 심었던 겹벚꽃나무가 많이 자라 있었고 여기저기 구약도 몇 뿌리씩 남아 있었고 그때 일심회 회원 한 사람이 그 지역에서 큰 슈퍼마켓을 경영하고 있었다.

둘러보자니 감회가 새로웠다.

제5부

치유부흥회 750회, 목회자 치유 세미나 55회기 인도

앞에서 기술한 바 대로 나는 18세 고등학교 3학년 초 경북 금릉군 증산면 청암사 뒷산 깊은 계곡에서 일주일간 단식하며 "하나님아! 대관절 있소! 없소! 있으면 여기 나타나 보란 말이야! 씨! 하나님이 정말 살아 있다는 것을 확인만 한다면 나는 목사가 된단 말이야! 나를 만나 주시요!"하며 하나님을 향해 주먹질을 하며 기도라기보다는 하나님을 협박하고 반항하는 미친 행동으로 울부짖었다.

그때에 진짜 주님이 나타나셔서 내 머리에 손을 얹어 심으로 나는 온 몸이 불덩어리가 되었고 그때 주님이 직접 내게 "네가 무엇을 구하든지 내가 다 들어 주리라"고 말씀하신 그대로 그 일 후로 지금까지 온갖 불치병, 난치병, 암 환자라도 앞에 놓고 주님께 구하는 기도만 하면 대개는 내 기도를 들어주심으로 헤아릴 수 없이 많은 병자, 환자들의 병이 치유되는 것을 경험하고 있다.

그래서 전도인 전도사 때부터 치유부흥회를 인도한다고 했으며 부흥회를 인도하는 교회마다 갖가지 질병 있는 성도들의 병이 많이 치유되는 것을 볼 수 있었다.

지난 1995년에 「목회자 성령치유능력목회 연수원」을 창립 조직하고 치유부흥회도 인도하면서 목회자들을 모아 성령치유 능력목회 세미나를 인도해 오는 중 지난 2006년 7

월까지 대략 생각해서 전국 초교파로 약 750교회의 치유부흥회를 인도했고 전국 중요 도시에서 목회자 치유사역 세미나를 53회를 인도하여 세미나 수료 회원이 약 3,500여 명이 되기도 한다.

치유부흥회 설교집 《인생아! 네 생명이 무엇이냐?》를 1982년에 출판하고 부흥회 낮 사경회 교안으로 《하나님의 자녀의 도리》를 1985년에 출판하고 그 후에 몇 권의 설교집을 출판하였으며 1995년에 목회자 치유능력목회 세미나 교재로 《목회자 성령치유 능력목회 세미나 교안》이라는 바인다 교재를 만들어 목회자 세미나에 사용해 오던 중 2004년 1월에 목회자 세미나교재 《성령치유목회》를 출판하였다.

이 교재 책자의 내용은

제1강 치유 목회학에서 치유목회의 정의와 필요성

제2강 치유목회 의의 성서적, 신학적, 역사적 원리와 배경.

제3강 치유목회 치유사역의 준비사항

제4강 치유목회 치유사역의 실제적인 방법

제5강 질병 진단학

제6강 질병별 치유기도 방법

부록: 질병진단을 위한 인체 구조도 37편으로 되어 있다.

지금까지 750여 교회의 치유부흥회 와 53기에 걸쳐 목회자를 위한 치유사역 세미나를 운영해 오던 중 가장 기억에 남는, 강사인 나부터 은혜를 받은 것들 몇 가지를 이곳 목회회고록에(牧會餘話) 기록하여 남길까 한다.

1. 여전도회장 ○집사의 귀신병 치유

그때도 서울에서 ○○교회 치유부흥회를 인도하고 있는 중이었는데 우리 집에서 전화 연락이 왔다.

부산 대연동에 있는 ○○○○교회의 여전도회장이 흉악한 귀신병이 들었는데 오 목사님이 마귀병, 귀신병을 고치는 축사기도逐邪祈禱를 잘 한다는 소문을 들었으니 기도해 달라는 것이었다.

그 환자는 내가 전도사 시절 '성경구락부'로 시작한 야간 고등공민학교가 중학교로 승격한 ○○중학교 졸업생이었다. 나는 그 학교 설립 교장으로 3년간 담임교사를 했었다. 그런데 그 사람은 제1회 졸업생으로 내 제자라 잘 알고 있는 사람이었다. 그래서 내가 서울 집회를 마치고 귀가하는 금요일에 집으로 데려오라고 했다.

집에 돌아와 보니 그 교회의 미니버스로 그 환자의 남편인 장로님과 여러 성도들이 미리 와 있었다. 사랑하는 제자며 교회 젊은 여전도회장 집사인 그 환자는 한눈에 알아 볼 수 없을 만큼 상처투성이로 온 몸이 뚱뚱 부어 있었다.

본 교회 목사님이 교회 교육관 기도실에서 인도하는 어느 금요일 철야기도회 시간에 다른 교인들은 은혜 받고 기도하는데 이 회장 집사는 그 시간에 마귀 귀신이 들어갔다는 것이다.

행동이 마귀 귀신 행동이었다. 아무데서나 옷을 홀랑 벗어 던지고(삼각 팬티는 절대로 안 벗음) 두 주먹을 불끈 쥐고 씨름 선수나 복싱 선수 같은 흉내를 내면서 으르렁거렸다. 또 힘이 얼마나 장사인지 장정도 잡을 수 없을 만큼 펄펄 뛰며 고래고래 고함을 지른다. 누가 보아도 '미쳤다, 귀신병이다, 마귀 짓이다'라고 하지 않을 수가 없었던 것이다.

여러 명의 성도들이 강제로 옷을 입히려고 누르기도 하고 때리기도 하고 밧줄로 묶기도 해 보았지만 워낙 힘이 세어서 감당할 수가 없었다. 그녀가 한번 손을 휘저으면 두세 사람은 나가떨어진다.

본 교회 목사님은 물론 부산 시내 능력 있다는 목사, 귀신병을 잘 고친다는 기도원장, 별별 기도자 능력자를 불러대어도 소용이 없었단다.

치유 기도하는 사람마다 기도방법이 다 다르다. 병자가 순종하지 않고 반항함으로 손발 등 온몸을 밧줄로 묶어 놓고 기도를 하다 보니 밧줄에 묶인 자국마다 상처가 생겼고 온몸이 구렁이를 감아 놓은 듯 피멍이 들고 부어 있었다.

내게 데려왔을 때는 귀신 병이 발병된 지 4개월이 되었다고 했다. 그 동안 음식도 제대로 먹지 못하고 기도 받는다고 무수히 매만 맞았으므로 초죽음 상태가 되어 사람도 알아보지 못하고 다 죽어 가는 목숨이었다.

나는 그를 위해 기도하기 시작했다.

우선 묶어 놓은 밧줄을 다 풀고 조금도 반항하지 못하도록 몇 마디 권세 있는 방언기도를 하여 영력으로 환자가 반항을 못하고 꼼짝도 못하게 하여 반듯이 눕혀 놓고 영투시 영진법靈透視, 靈診法으로 영안을 열어 환자의 심령을 투시하여 살폈다.

환자의 심령 속에 사람 형상을 하고 있는 마귀 귀신의 정체가 보였다. 체격이 장대하고 팔뚝 근육이 울룩불룩 불어난 씨름선수나 복싱선수 같은 형상이었다. 옷을 다 벗고 팬티만 입은 30대로 보이는 대장부 형상을 하고 있었다.

옆에 있는 환자의 남편 ○장로(이 장로님도 내 제자임)님께 물어 보았다.

"○장로! 자네 집안에 아니면 처가 집안에 30대 젊은 체격이 좋은 씨름선수나 복싱선수를 하던 사람이 혹 자살을 했거나 사고로 객사한 사람이 있는가?"

"예! 있습니다. 바로 제 처삼촌입니다. 씨름선수도 했고 복싱선수도 했습니다. 35세 총각으로 농약을 마시고 자살해 죽었습니다. 목사님! 어찌 알고 그것을 묻습니까?"

"자네 처되는 이 사람 ○집사의 심령 속에 자네 그 처삼촌의 형상을 뒤집어쓰고 있는 사탄, 마귀가 들어 있는 것이 내 영안에 보이네. 사탄 마귀 귀신은 일정한 형상이 있지 않고 때때로 혹은 짐승 동물의 형상으로 혹은 사람의 형상으로 가면 가장을 하고 탈을 쓰고 변형을 하는 거야! 이 ○집사 속에 마귀 귀신이 죽은 삼촌이 귀신이 되어 여기 들어와 있는 것이 아니고 죽은 삼촌의 영은 예수를 믿어서 구원받은 사람이면 천국 낙원에 들어갔을 것이고 믿지 않고 구원 못 받은 사람이면 별수 없이 지옥 음부에 떨어졌지. 죽은 사람이 원혼이 되어 귀신이 되어 이 세상에 떠돌아다니는 것이 아니야! 이 못된 마귀 귀신이 교묘하게 우리를 흔들어 놓으려고 죽은 삼촌으로 가장하고 있는 것이야!"

나는 단호히 이렇게 말했다.

"이보게! ○장로! 이제는 안심해도 좋아. 이 ○집사 속에 있는 사탄 마귀는 이미 성령의 능력으로 주님의 권능 영권 靈權에 눌려서 꼼짝도 못하고 있는 상태이며 더구나 마귀 귀신은 자기의 정체가 드러나면, 주의 종이 영안, 영력으로 투시하여 보고 있다는 것을 알면 '이 놈 예수 이름으로 물러 가라!' 하고 추방 명령의 기도를 하면 즉시 물러가게 되어 있어! 믿어라! 안심하라! 아멘! 아멘!만 하라."

이렇게 설명을 한 후 환자도 보호자도 지켜보는 모든 성도들도 아멘! 아멘!만 하라고 해 놓고 한 손은 머리에 한 손을 배에 (가슴에 얹고 기도해야 하나 환자가 젊은 여자이니 배에) 얹고 힘있게 기도했다.

"사탄아! 이 더러운 귀신아! 너의 정체가 드러났다. 이 이상 더 이 사람 속에 있지 못한다. 이 사람 ○집사는 예수를 믿는다. 순순히 물러가면 너 갈 곳으로 보내주마! 속히 나가지 않으면 성령의 칼로 성령의 불로 너를 찔러 쪼갠다. 불태울 것이다. 천길 만길 물러갈지어다. 예수 이름으로 성령의 능력으로 명령하노니 사탄아! 이 더러운 귀신아 물러갈지어다. 나가라! 오냐 이놈 네가 거느리던 졸개 새끼들이 있구나! 모두 다 몰고 나가라! 한 놈도 남기지 말라! 너 이놈! 이 사람 속에서 오래오래 살려고 집도 지었구나. 다 뜯어 안고 나가라! 네놈이 있던 자리 흔적도 남기지 말라!"

이렇게 약 20분간 축사기도로 축사명령을 했다. 기도를 하면서도 계속해서 영안으로 투시의 눈으로 이 ○집사의 심령을 살피며 사탄 마귀의 움직임을 추적해가며 기도를 했다.

귀신이 숨어 자기 정체를 숨기려고 여기 저기를 옮겨 다녔다. 가슴으로, 배로, 머리로, 아랫배로, 이놈이 옮겨가는 부위를 따라가며 그곳에 손을 얹으면 귀신은 몹시 괴로워하면서,

"아이구! 도저히 안 되겠다. 능력 있는 사자, 큰 종을 만났구나! 나간다! 조금만 기다려 다오!" 했다.

"이놈아! 나간다가 뭐냐? 주의 종이다. 네 정체를 다 보고 너를 추적하는 주의 종이다. 말을 다시 하라! 공손한 말을 하라! 이놈!"

"예! 예! 잘못 했습니다. 나갑니다."

"그래! 알았다. 예수 이름으로 명하노니 속히 물러갈지어다. 뒤도 돌아보지 말고 아주 멀리 멀리 물러가라."

이때에 영안으로 보니 그 흉악한 마귀 귀신이 여러 졸개 새끼를 데리고 훌쩍 뛰어 나갔다. 내가 기도한 그대로 그 귀신이 보○이지 않는 곳으로 멀리멀리 사라져 버린다. 마침내 그 ○집사가 살았다. 귀신병은 귀신이 나가면 고쳐지는 것이다. 그리고 다시 그 ○집사를 위해 기도했다.

"하나님 아버지! 이 딸을 불쌍히 여기소서! 이 딸이 흉악

한 마귀 귀신에 사로잡혀 사람 노릇을 하지 못하였는데 하나님께서 저희의 기도를 들어 주셔서 감사하나이다. 지금 못된 사탄 마귀가 침범하여 온 몸을 만신창이로 만들었사오니 머리로부터 발끝까지 오장육부 속속들이 상처를 치유하여 주옵소서! 지금 육적으로, 심적으로, 마귀 귀신은 떠나갔으나 영적으로 정신적으로 상처가 남아 있사오니 이것까지 완전히 치유하여 주시기를 바라옵니다."

이렇게 기도하는 동안 ○집사가 달라졌다. 부끄럽고 미안한 것을 아는 것이다. 눈물을 흘리며 울기 시작했다. 일어나라고 말하며 앉혀 놓으니 "목사님! 감사합니다" 하면서 흐트러진 머리를 쓰다듬고 옷을 다시 고쳐 입었다.

아멘! 주여! 감사합니다.

○집사가 귀신병에서 고침을 받았다. 그런데 좀 이상한 것은 주기도문을 다 잊어버리고 기도를 못했다. 찬송을 부르자고 해도 찬송을 하나도 못 불렀다. 기도를 시켜도 기도를 전혀 못하는 것이었다.

지켜보던 보호자나 데리고 온 전도사님도 사모님도 아직까지 귀신병이 다 고쳐진 것이 아니라고 생각했다.

나는 그 자리에서 깨달았다.

"여러분! 이 ○집사의 마귀병 귀신병은 분명히 고쳐졌습니다. 지금 이 상태는 사탄의 악령으로 영적인 상처로 영이 손상을 입어서 믿음에 바보가 된 것입니다. 영적인 손상, 신앙의 바보가 된 병은 기도한다고 해서 외부의 어떤 힘으로 고쳐줄 수 있는 것이 아닙니다. 걱정 마십시오 여기 내 집에 며칠 맡겨 놓으시면 기도하고 신앙 훈련을 시켜서 스스로 회개기도를 하도록 하여 완전한 ○집사로 회복되게 하겠습니다."

같이 온 모두는 돌아가고 그때부터 ○집사를 목욕을 시키고 음식을 정상적으로 먹게 하고 시간을 정해 놓고 성경을 읽고 기도를 따라 하게 하고 주기도문을 다시 암송하도록 훈련을 시키고 하는 중 내가 인도하는 어느 금요 철야 기도회 예배시간에 뒷자리에서 집사람이 데리고 앉아 있었는데 그때 순간적으로 ○집사의 영적인 상처가 치유되면서 신앙 회복이 되었다. ○집사가 대성통곡을 하며 회개 기도를 한 것이다.

오래 동안 실컷 울고 기도하도록 나와 교인들이 협력하여 도와 주었다. 그 머리에 손을 얹고 축복기도를 했다.

약 20분 동안 대성통곡과 함께 기도하고 회개하더니 점점 기도가 마무리 되어 가는 것을 알 수 있었다.

"하나님 아버지! 감사합니다. 저를 용서하여 주시니 감사합니다. 이제 살았습니다. 다시는 마귀의 종이 되지 않겠습니다. 오 주여! 감사합니다. 감사합니다."

이렇게 기도를 마무리하면서 '아멘' 하고 눈을 뜨면서 울기도 하고 웃기도 하며 진정한 신앙의 기쁨을 회복하여 옆에서 도와주고 있는 집사람(사모)을 얼싸안고 감사하며 기뻐했다.

그 모습이 그가 말하는 것 한마디 한마디가 누가 보아도 완전한 정상적인 사람이 되었다. 그 날밤 사택으로 와서 그간 결혼한 것이며 부산에서 살아온 모든 이야기를 얌전히 털어놓고 나와 진정한 대화를 나눌 수 있었다.

이튿날 토요일, 남편 ○장로를 오라고 하여 데려가도록 했다. 그 여제자 ○집사는 완전한 새사람이 되었다.

그 후 그 교회 목사님이 나를 강사로 불러 주어서 그 교회에서 한 주간 치유부흥회도 했고 그때에 그 교회가 800여 명 성도들이 여러 가지 질병들이 치유되는 경험들을 했다, 그 ○집사는 지금 그 교회의 권사가 되어 열심히 봉사하는 모범권사가 되었다. 모든 것을 하나님께 감사 드린다.

2. 'S' 기도원 ○집사의 위암 치유

지금부터 약 20여 년 전 전남 순천에 있는 S기도원 치유부흥회를 인도했다. 그때는 그곳 순천, 여수 지역에서 치유부흥회, 목회자 치유능력 목회 세미나를 거의 매주일 연속으로 인도하고 있었으므로 소문이 나서 이 기도원 집회에 환자 성도들이 많이 모여들었다.

첫날 저녁 개회예배를 드리고자 기도원 본당 예배실에 나갔더니 앞자리에 요를 깔고 이불을 덮고 누워 있는 중병환자가 와 있었다.

첫날 첫 시간부터 그 중병환자를 앞에 놓고 설교를 하고 기도를 하려니 마음 속에 상당한 책임감, 부담감 같은 무거운 마음이 생겼다.

'이 집회가 치유부흥회며 치유기도 치유사역의 무성한 소문을 듣고 관심과 기대를 걸고 이 산 속 기도원까지 10리 20리를 걸어서 혹은 리어카를 타고 엎고 들고 모두 올라와 있는데 이 자리에서 이 중병환자의 질병을 치유하지 못하

면 아무리 설교를 잘 한다 해도 은혜가 되겠는가?'

나는 무거운 책임감을 느끼며 마음으로 간구했다.

'주여! 어떻게 해서든 이 중병환자의 병이 고쳐져야 합니다. 주여 은혜를 베푸소서'

이렇게 속마음 기도로 첫날 저녁과 이튿날 새벽 예배까지를 마쳐놓고 낮 공부 사경회 시간에 그 중병환자를 위해 특별 기도를 하기로 결심했다.

화요일 낮 사경회 말씀을 전하기 전이었다. 먼저 그 환자를 위해 기도하려 하는데 그때 나이가 49세로 벌교에 있는 어느 교회 집사님이라고 옆에서 그의 부인이 소개를 해주었다.

위암 수술을 두 번이나 받은 바 있는데 다시 세 번째 또 재발되어 병원에서는 암이 다른 장기에도 많이 전이된 상태라 더 이상 수술이 불가능하다는 것이었다. 현대 의학으로는 다른 치료 방법이 없으므로 죽을 때만 기다리고 지금은 음식을 전혀 먹지 못한다는 것이다.

하나님이 내게 주신 질병진단의 은사인 영진법靈診法으로 잠시 진단해 보니 이 환자는 위암이 아니라 십이지장암이었다. 십이지장암 근원으로 암 세포가 위로 위장에도, 간과

쓸개에도, 오른쪽 신장(콩팥)에도, 소장 일부에도, 전이되어 복부 전체가 내 큰손을 다 펴보아도 다 덮을 수 없을 만큼 큰 냄비 뚜껑 만한 암병 덩어리가 딱딱한 돌덩어리나 시멘트 콘크리트같이 만져 졌다.

사람의 뱃속에 이와 같은 돌덩어리가 들어 있단 말인가? 그곳에 손을 얹고 보니 내 손이 섬뜩한 느낌이 들었다.

"믿음을 가지세요! 믿음대로 된다고 했습니다. 믿으세요! 기도하는 동안 아멘! 아멘! 하십시오."

그리고 나는 복부에 손을 얹고 기도를 시작했다. 치유 명령 기도였다.

"나사렛 예수 이름으로! 성령의 능력으로! 이 사람 속에 암 세포가 사라지고 돌덩어리 같은 이 암 덩어리가 물같이 녹아 버릴지어다. 예수 이름으로 성령의 능력으로 십이지장암이 깨끗이 고쳐질지어다."

이렇게 치유명령 기도를 했다. 그 순간 돌덩어리 같았던 암 덩어리가 말랑말랑해지고 뱃가죽을 잡고 아래위를 흔들어 보니 마치 고무풍선에 물을 담아 놓은 것처럼 출렁출렁하는 물소리가 났다.

정말로 신기하고 놀랍도다. 옆에서 울면서 기도하던 환자의 부인 집사가 배를 만져보았다. 기도원 원장 전도사님이 배를 만져보고 붙잡고 흔들어 보았다.

"아멘! 할렐루야! 하나님 영광 받으소서!"

모두가 박수를 치며 하나님께 영광을 돌렸다. 그 환자 집사가 자리에서 벌떡 일어나 앉으면서 "감사합니다. 감사합니다. 내가 살았습니다." 하며 앉은 채 펄쩍펄쩍 뛰면서 감격의 눈물을 쏟으며 기뻐하고 기뻐했다.

그가 화장실에 가고 싶다 하여 두세 사람이 부축하여 급히 화장실로 갔는데 잠시 후 부인과 가족들이 돌아와 그 사람이 화장실에서 시꺼먼 혈변을 세수 대야로 하나쯤 쏟아 놓았다고 했다. 그가 화장실에서 돌아올 때는 다른 사람의 부축을 받지 않고 자기 발로 껑충껑충 뛰어 예배당 안으로 들어왔다.

"목사님! 내가 살았어요! 암이 고쳐졌어요! 보세요! 여기 내 배속에 암 덩어리가 없어졌어요! 감사합니다. 감사합니다."

이어서 낮 공부 사경회 시간을 가지려 하는데 거기 모여 온 많은 가지가지 환자들이 너도나도 우르르 몰려와서 마구로 매달리며 기도해 달라고, 병을 고쳐 달라고 아우성이었다.

"여러분 앉으세요! 기도해 드리겠습니다. 질서를 지켜 자리정돈을 하십시오! 여러분 한 사람씩 개인기도는 낮 공부 마치고 하겠습니다. 지금은 먼저 전체적으로 집단 공동 치유기도를 드리겠으니 내가 시키는 대로 순종하고 따라 주십시오."

"여러분! 조금 전에 여러분이 지켜보는 가운데 내가 기도하여 이 사람 ○집사님 위암, 십이지장암이 고쳐졌습니다. 이것은 내가 고친 것이 아닙니다. 내 손에 무슨 능력이 따로 있는 것이 아닙니다. 병이 고쳐지는 이 능력은 100% 위에서 온 것입니다. 하나님의 능력입니다. 나는 주님의 이름으로 기도를 드리는 종이며 기도자일 뿐입니다. 내 손을 환자의 질병 부위에 얹고 기도할 때에 내 손을 통해서 하나님의 능력이 들어가 암도 녹아져 버린다면 여러분이 자기 손을 얹어도 본인의 손을 통해서도 하나님의 치유능력은 들어가는 것을 믿으시기 바랍니다."

나는 성도들을 둘러 본 다음 말을 이었다.

"자! 지금 치유기도를 받아야 할 질병이 있는 분들은 본인의 오른손 왼손을 그 질병 부위에 얹으십시오! 믿고 손을 얹으십시오. 허리에, 머리에, 팔 다리에, 배에, 귀, 눈, 입, 코, 목에, 그리고 믿으십시오! 믿기만 하면 됩니다. 기도하겠습니다."

나는 두 손을 높이 들고 성도들을 향하여 있는 힘을 다해 큰 소리로 기도했다,

"하나님 아버지! 부족한 이 종의 치유기도를 들으사 많은 환자들의 온갖 질병들을 고쳐 주시니 감사하나이다. 오늘도 여기 기도원 집회에 찾아와 모인 이 많은 질병을 가진 성도들을 하나님께 맡기고 치유기도를 드리오니 온갖 병을 고쳐 주시옵소서! 나사렛 예수 이름으로 성령의 능력으로 본인들의 손을 얹은 부위에 본인들의 손을 통해 권세와 능력이 들어가 여러 가지 질병들이 물러갈지어다! 예수의 이름으로 크고 작은 질병들이 깨끗이 고쳐질지어다! 믿습니다. 예수님 이름으로 기도하옵나이다. 아멘."

이렇게 기도한 후에 말했다.

"지금 기도하는 중에 여러분의 많은 질병들이 실제로 고쳐졌습니다. 믿기만 하십시오! 지금 기도하는 중에 자신의 병이 고쳐졌다고 믿어지는 분들은 손을 들어 주십시오!"

여기저기서 거의 전부가 손을 들었다. 대다수의 병들이 실제로 치유된 것이 사실이었다. 할렐루야! 감사합니다.

이것이 바로 '집단 공동 치유기도'라는 기도 방법이다. 이 기도가 꼭 필요할 때가 있다. 개 교회에서 치유부흥회를 가질 때 교인의 숫자가 100명 미만의 적은 수효이면 매일 매

시간 정해진 집회를 하고 계속해서 개인 치유 안수기도를 할 수 있으나 교인 숫자가 수백 명이나 수천 명이 될 때는 시작부터 개인치유기도는 못 하게 되므로 '집단 공동 치유기도'를 실시하는 것이 좋은 기도방법이라는 것을 경험을 통해 알았다.

나는 큰 교회 대형교회에서 부흥회나 치유사역 세미나를 할 때나 내가 시무하는 본교회에서는 종종 이 기도 방법을 활용하고 있다.

그럴 때는 대개 교인들의 믿음 준비 여하에 따라 평균 80% 정도는 치유가 되는 것을 많이 경험했다.

낮 공부 사경회를 마치고 강사 숙소로 기도원 사택으로 돌아와 모두 함께 몇 개의 큰 둥근 밥상에 둘러앉아 점심 식사를 하려는데 위암, 십이지장암을 고침 받은 그 ○집사가 밥상에 함께 앉았다.

"아니! ○집사님! 집사님도 밥을 먹겠다고 여기 앉는 것입니까?"

"예! 목사님! 저도 밥 먹을 수 있어요! 저 암 환자가 아니에요!"

"그래도 집사님! 집사님은 병이 고쳐져도 오래 동안 식사를 제대로 못 했으니 소화기 계통이 어린 아이와 같이 약해져 있으므로 지금 밥을 먹으면 절대로 소화를 못 시킵니다. 정 먹겠다면 밥을 그냥 먹지말고 흰죽을 멀겋게 해서그것도 조금씩 먹도록 하세요."

이렇게 타일러도 듣지 않았다.

"예! 괜찮아요!"

그는 결국 밥을 물에 말아서 한 그릇을 다 먹었다. 이상하고 신기하게도 아무 탈 없이 소화가 잘 된다는 것이었다.

하나님 은혜 정말 감사합니다. 이것이 하나님의 능력이요 능력의 치유 기도이다. 100 % 하나님이 이 종의 손길을 통하여 치유능력을 보여주신 것이다. 할렐루야!

3. 한 어린이의 치유가 온 집안을 합심케 하다

1996년 경기도 연천군 전곡읍 ○○ ○○○교회 치유부흥회를 인도하였다. 그 교회에서도 많은 불치, 난치병이 치유되는 기적적인 능력을 하나님께서 크게 나타내시었다.

그 중에서 한 가지 놀라운 치유의 기적을 소개해 둘까 한다.

그 교회에서의 치유부흥회가 수요일까지 은혜롭게 기적적인 치유 축복 속에 잘 진행되고 있었는데 낮 공부 사경회 시간에 10여 세 되는 한 남자 어린이가 교회당 안에서 이리 저리 뛰어 다니며 이상스런 괴성을 지르며 시끄럽게 떠들어 집회를 방해했다. 나는 말씀 전하던 것을 멈추고 큰 소리로 꾸짖었다.

"이놈! 조용히 하라! 왜 여기서 떠들어대느냐?"

그러나 그 아이는 내 소리를 듣지 못한 듯 여전히 시끄럽게 굴었다.

"저 아이가 누굽니까? 저 아이의 부모가 여기 있습니까?

왜 저 아이가 이렇게 소란을 피우도록 가만히 두고만 있지요?"

교인들을 향해 꾸짖었더니 피아노 치는 송 집사가 울면서 대답했다.

"목사님! 저 아이는 바로 제 아들입니다. 농아예요! 특수 학교 농아원에 다니는데 농아원에서 오늘은 수업이 없는 날이라 저를 따라 교회에 온 것입니다. 말도 못하는 벙어리에 귀도 듣지 못하는 귀머거리입니다. 금년에 열두 살이에요!"

나는 엄숙하게 명했다.

"저 아이를 이리로 데려 오라! 기도해 보자."

그 어머니 집사님이 아이를 강대상 아래로 데려왔다. 잠시 진단해 보니 말 못하는 벙어리에 듣지도 못하는 귀머거리가 분명했다. 그 어머니께 물었다.

"지금 내가 주님의 이름으로 기도하면 이 아이의 귀가 열려 소리를 듣게 되고 어눌한 혀가 풀리고 성대가 치유되어 말을 하게 될 것을 믿습니까? 믿어집니까?"

"예! 예! 목사님! 믿습니다. 믿지요! 고쳐 주세요!"

그 집사는 울음을 멈추지 못했다.

"나도 믿습니다. 기도해 봅시다."

잠시 속으로 기도하며 입과 귀 어느 것부터 기도할까 생각했다. 그 순간 판단이 섰다.

'이 아이는 날 때부터 소리를 듣지 못하여 말을 배우지 못했던 것이다!'

그러므로 귀부터 기도하는 것이 순서였다. 나는 양쪽 귀에 두 손을 살짝 얹고 기도했다.

"에바다! 에바다! 에바다!"

양쪽 귀에 번갈아 가면서 점점 큰소리로 기도했다.

"에바다! 예수 이름으로 성령의 능력으로 귀문이 열릴지어다. 막힌 고막이 소생될 찌어다. 이 아이의 양쪽 귀에 청력이 청각이 되살아날지어다. 예수 이름으로 소리가 들릴지어다. 오! 주여 믿습니다!"

이렇게 양쪽 귀에 번갈아 소리를 지르며 치유 명령 기도를 했다. 그 순간 아이 눈이 휘둥그래지더니 놀란 듯 자기 귀를 두 손으로 덮어 가리고 울음보를 터뜨렸다.

아이가 열두 살이 되도록 소리를 듣지 못하다가 갑자기 귀문이 열리고 고막이 소생되고 청력이 살아나고 보니 내가 기도하는 소리가 마치 폭탄이 터지는 소리같이 들렸던 것이다. 그래서 놀라 울었던 것을 알 수가 있었다.

"아멘! 할렐루야! 귀문이 열렸다."

옆에 놓여 있는 휴지를 뜯어 돌돌 말아서 우선 귀를 틀어 막았다.

"이제는 말을 하도록 기도하자!"

내 양손을 이 아이의 양 볼, 입, 턱, 목, 부위를 감싸쥐고 치유 기도를 했다.

"나사렛 예수 이름으로! 성령의 능력으로! 이 아이의 어 눌한 혀가 풀릴지어다. 에바다~ 말문이 열릴지어다! 성대 의 기능이 회복될지어다. 말소리가 터져 나올지어다!"

이렇게 기도하고 따라 하도록 말을 시켜 보았다.

"하, 나, 님! 오, 주, 여! 할렐루야! 아 – 멘! 믿습니다."

약간 더듬더듬 하지만 12년 만에 처음으로 터진 말이니 그저 놀랄 뿐이었다.

다음에는 귀에 틀어막은 휴지를 뽑아 내고 말했다.

"이제는 아이의 귀문이 열렸습니다. 무슨 소리도 들을 수 있으니 하고 싶은 대로 맘대로 말을 하라고 가르쳐 주십시 오."

아버지 어머니를 통해 말을 배워야 한다고 일러주고 아이 의 아버지를 찾았다.

"이 아이 아버지는 어디 있습니까? 아버지가 예수를 믿지 않습니까?"

그 어머니 집사가 기어 들어가는 소리로 대답했다.

"전에는 가끔씩 교회에 나왔는데 지금은 낙심하고 안 나옵니다."

"가서 아이의 아버지를 데려오십시오!"

아이 어머니가 그 아이 손을 잡고 급히 나갔다. 잠시 후에 아이가 달라지고 말도 하는 것을 본 그 아이 아버지가 감격해서 벙실벙실 웃으며 달려왔다. 눈물을 이리저리 닦으며 아이의 손을 잡고 교회 안으로 들어오더니 시키지도 않았는데 그 아버지가 내 앞에 꿇어 엎드려 말했다.

"목사님! 고맙습니다. 이제부터 교회에 열심히 다니겠습니다. 저뿐 아니라 우리 집 대소가 집안 식구 모두 데리고 나오겠습니다. 아! 하나님! 감사합니다. 감사합니다."

벙어리에 귀머거리였던 어린 아들이 눈앞에서 달라진 치유 기적을 보며 하나님 앞에 항복을 하는 아름다운 모습이었다.

치유능력, 기적의 치유는 그대로가 능력 전도요 능력 부흥인 것을 체험할 수 있었다.

그 아버지도 같이 앉아 그 날 낮 공부 사경회를 은혜롭게 마치고 이 아버지가 기어이 강사 점심 대접을 하겠다고 하여 본 교회 목사님과 장로님, 권사님 몇 분이 함께 초대되어 그곳에서 제일 고급 식당으로 가 최고급 음식으로 융숭한 점심대접을 받을 수 있었다.

알고 보니 그분은 그곳에서 임진강변이나 깊은 계곡에서 수석壽石을 채취하여 자기 집에도 넓은 전시장을 만들어 놓고 서울에도 전시장을 열어놓은 수석 수집가였다. 점심을 마치고 우리는 그 분의 안내로 넓은 전시장을 구경했다.

"목사님! 이것이 저의 밥줄입니다. 전시된 수석 중에는 아주 값비싼 물건도 있답니다. 오늘 이 전시장을 두루 살펴보시고 맘에 드는 것을 골라보십시오! 값에 관계없이 목사님이 골라잡으시는 물건은 목사님께 선물하겠습니다."

수석을 볼 줄도 모르고 어떤 것이 비싼 것인지도 모르는 수석 무식꾼인 나로서는 그저 보이는 것 전부가 예쁘고 좋아 보여서 골라잡는 일도 쉽지 않았다.

욕심도 생겼다. 돌아보다가 한 곳에 발이 멈추었다. 약간 높이 진열되어 있는 큼직한 타원형의 수반에 담겨있는 멋있게 보이는 수석 하나가 맘에 들었다.

금강산 해금강에서나 볼 수 있는 길쭉한 높고 낮은 석산(石山)형의 오석(烏石)이 타원형의 은모래를 깔아놓은 수반 위에 올려 있으며 그 석산의 저 멀리 끝 부분에 바다 수평선과 맞닿은 것같이 등대 불이 반짝반짝 하고 석산 골짜기에는 폭포수 물이 흐르도록 조각되어 있었다.

나는 발을 멈추고 잠시 생각했다.

'저 수석을 우리 집 안방 장식장 위에 갖다 놓는다면 매일 매일 금강산 해금강을 관광하는 것이렷다.'

내가 그 한곳에 오래 멈추고 서 있는 것을 눈치 챘는지 그 아이의 아버지가 다가와서 한마디했다.

"아! 목사님! 수석 보시는 눈이 특별하십니다. 이것이 맘에 드십니까? 우리 전시장 안에서는 그래도 제일 값나가는 물건입니다. 이것은 목사님이 주인이십니다."

말을 마치자마자 그것을 얼른 내려 신문지에 둘둘 말아 수반도 은모래도 등대 시설도 폭포수 끌어올리는 소형 모터 펌프도 모두 박스에 포장하여 내 차에 실었다.

그 날 나는 정말 좋은 선물을 받았다. 나중에 서울에 돌아와 교인 중에 수석을 수집하고 판매도 하는 이가 있어서 한번 보여 주었더니 첫 마디가 500만 원을 줄 테니 자기에게 넘겨달라는 것이 아닌가?

깜짝 놀랐다. 수석 장사를 하는 사람이 500만 원에 구입하겠다면 실제의 가격은 그 이상이 아니겠는가? 나는 그것이 얼마나 귀한 것인지를 생각하며 팔지 않고 지금까지 소중히 간직하고 있다.

그 날 저녁 집회 시간에 그 아이의 아버지가 미리 항복을 하면서 말한 대로 집안 가까운 대소가 친척 권속들을 모두 교회에 데리고 나왔는데 형제간, 삼촌 조카, 고모 내외, 가까운 친척들, 모두 8명을 전도해서 데리고 온 것이다.

나는 그때 또 한번 치유사역, 치유목회를 제대로 바르게 하기만 하면 능력전도가 저절로 이루어지고 교회의 능력부흥도 될 수 있다는 것을 몸으로 체험할 수 있었다.

벙어리 아이뿐 아니라 그 아이가 치유되는 현장을 지켜본 교인들이 소문을 내고 온갖 병자들을 데리고 와서 "이 사람도 고쳐 주세요." 하고 매달렸다.

그때 간질병, 뇌졸증 중풍, 갑상선 비대증, 허리디스크는 여러 사람, 젊은 부인의 자궁 근종 물혹 덩어리, 등등 많은 병자들이 고침 받고 치유되어 하나님의 능력을 믿게 되었고 그 교회가 그 부흥회에 50여 명 새 교인을 등록하게 되었다. 영육간에 수지 맞았다는 소리가 터져 나올 만한 부흥회였다고 믿는다.

모든 영광 하나님께
모든 영광 하나님께
아멘 아멘 할렐루야!

4. 꼬부랑 할머니는 꼬부랑 할머니를 전도

전남 순천에서 광양으로 가는 길 중간쯤에서 왼쪽으로 약 10리쯤 들어가면 구상이라는 마을이 있다.

오래 전에 그곳 ○○교회의 치유부흥회를 인도하였는데 하나님의 능력이 모든 성도들의 눈앞에 나타나 보였으며 다른 교회에서 볼 수 없었던 신비로운 치유기적이 많이 나타나는 것을 체험할 수 있었다.

그 교회에 아주 심한 꼬부랑 할머니 가 있었다. 이 할머니는 보통 꼬부랑 할머니처럼 90도로 허리가 굽은 것이 아니라 완전히 180도 유자로(U 字) 허리가 굽어서 지팡이를 짚고 걸어 다니는 것을 보면 머리가 발 밑에 가 있다.

그 할머니 얘기로는 6·25전쟁 피난길에 공산당 인민군의 폭격으로 포탄에 맞아 쓰러지며 그때부터 허리가 굽어지기 시작하여 50년 동안 이렇게 점점 더 꼬부라져서 지금 같은 꼴이 되었다고 한다.

집회가 시작되어 화요일 낮 공부 사경회 시간에 이 할머니가 걸어오는 건지? 굴러 기어오는 건지? 교회 안에 들어 와서는 여름 집회라서 창문을 모두 열어 놓고 막 시작하려 는 그 시간인데 그 할머니가 쥐고 있던 지팡이를 창문 밖으 로 획 던져 버리며 카랑한 목소리로 소리쳤다.

"나 오늘 강사 목사님께 기도 받으면 내 허리가 일자로 펴질 것인데 이 따위 지팡이 인제 필요 없네!"

이 말을 듣는 강사로서는 상당히 부담감, 책임감 같은 무 거운 마음이 들었다.

'저 꼬부랑 할머니 허리가 1자로 펴지지 않으면 내가 아 무리 은혜로운 설교를 한다 해도 교인들이 무슨 은혜를 받 겠으며 모든 교인이 치유부흥회 한다면서 이 할머니 꼬부 랑 허리 하나 고치지 못한다면 어떻게 생각할 것인가? 그것 도 못 고치는가? 라고 할 것 아닌가.'

나는 점점 부담감과 책임감을 무겁게 느꼈다. 그 순간 내 심 기도를 했다.

'하나님! 하나님이 못 고치시는 병은 없습니다. 종은 주 님의 이름으로 기도할 것뿐입니다. 기도하겠습니다. 하나 님 처분만 기다립니다. 주여!.'

나는 담대하게 할머니를 불렀다.

"저 꼬부랑 할머니, 이 앞으로 나아오십시오! 그 옆에 권사님! 좀 부축해 주십시오! 하나님께 맡기고 기도해 봅시다.”

그 꼬부랑 할머니가 꼬부랑 허리를 기도 받겠다고 앞자리로 기어 나왔으나 허리에 기도하려면 배를 깔고 엎드려야 등, 허리를 기도할 수 있겠는데 유자로(U字) 굽은 등, 허리로 엎드릴 수가 없었다.

불가불 할머니를 옆으로 높여 놓으니 마치 벌레가 또르르 굴러 떨어진 것같이 보였다. 옆으로 모로 누운 할머니의 등, 허리에 손을 얹어 기도를 했다.

“나사렛 예수 이름으로! 성령의 능력으로! 유자로 굽은 이 할머니의 50년 꼬부라진 채로 굳어 버린 이 등, 허리가 1자로 꼿꼿이 펴질지어다. 예수 이름으로 등, 허리의 흉추, 요추, 척추의 관절이 연하게 풀리고 인대나 연골이 정상적으로 제 자리에 들어가라! 예수 이름으로 성령의 능력으로 이 할머니의 50년 꼬부랑 허리가 펴질지어다.”

이렇게 잠깐 기도하는 중에 할머니가 꿈틀꿈틀하며 두 다리를 쭈욱 펴기 시작하더니 허리를 움직이면서 배를 차츰 바닥에 붙이기 시작했다.

옆에서 주여! 주여! 믿습니다. 허리가! 허리가! 하는 동안 점점 더 확실하게 배를 바닥에 붙였다. 드디어 할머니가 배를 깔고 엎드렸다. 할렐루야!

"내가 50년 만에 처음 배를 깔고 엎드렸다."

할머니는 기뻐서 이렇게 소리를 질렀다. 엎드린 할머니 등, 허리에 손을 얹고 또 기도했다.

등, 허리를 약간 눌러 주기도 하고 허리를 조금씩 흔들어 보기도 했다. 딱딱하게 굳어 있던 척추 요추 관절이 풀린 것이다.

"감사합니다. 하나님 능력으로 고치셨으니 하나님 영광 받으 소서! 아멘! 할렐루야! 할머니 이제 일어나십시오."

할머니는 꿈틀꿈틀 움직이다가 비실비실 일어나 앉았다.

"할머니, 이제는 일어서세요!"

나는 단호히 예수 이름으로 명했다.

"일어나라! 예수 이름으로 일어나라!"

내가 손을 잡아 일어나라 했더니 할머니가 벌떡 일어섰다. 그리고 허리를 꼿꼿이 펴고 똑바로 섰다. 이것이 기적이 아닌가? 모두가 펄쩍펄쩍 뛰면서 박수를 치면서 하나님께 영광을 돌렸다.

그 할머니는 교회 안을 왔다 갔다 하며 걷기도 하고 뛰기도 하며 춤을 추며 기뻐했다. 누가 그때 그 할머니를 얌전하게 가만히 있으라 할 수 있겠는가? 그 감격 그 기쁨은 누구도 막을 수 없었다.

낮 공부를 마치자 점심도 먹지 않고 그 할머니가 동네방네 다니며 "날 봐라! 날 보라니깨! 하나님이 날 고쳐주셨다." 하며 예수 자랑, 교회 자랑을 했고 이웃마을까지 다니면서 "교회에 가보자 날 봐라! 지금 교회에서 강사 목사님이 기도하는 대로 모든 병이 다 낫는다, 교회에 가 보자" 하고 전도를 하여 동네 사람들 중 안 믿던 사람들이 구경한다고 교회로 몰려오기 시작했다.

그 꼬부랑 할머니뿐 아니라 본교회 목사님도 사모님도 그리고 모든 성도들이 전도를 하였고 전도 받고 새로 나온 사람들도 기도하니 병이 고쳐졌다.

병이 고쳐지니 그 사람들이 오지 말라고 해도 오게 된다. 그 교회는 본래 50여 명 교인인 작은 시골교회였는데 그 치유부흥회를 통해 새로 결신한 성도가 68명이나 되었다. 치유사역 능력을 제대로만 행사하면 교회가 며칠 사이에 배 이상 부흥도 되는 좋은 경험을 체험할 수 있었다.

그 교회에서 한 가지 재미있는 일은 그 꼬부랑 할머니가 이웃 꼬부랑 할머니들을 모두 교회에 데리고 왔다는 일이다. 꼬부랑 할머니를 전도하는 데는 꼬부랑 할머니가 고침 받아 꼿꼿이 서 다니면서 하는 말보다 더 큰 전도는 없다고 생각한다.

"나를 봐라! 내가 당신처럼 꼬부랑이였잖나? 교회에 가면 당신도 나처럼 허리가 펴진다."

이렇게 하여 그 마을과 이웃마을에서 꼬부랑 할머니들 8명을 데려왔는데 이들도 예수 이름으로 기도했더니 모두 고쳐 주셨다. 꼬부랑 할머니 8명을 기도하기는 그 때가 처음이었다.

꼬부랑 할머니 전도는 고쳐진 꼬부랑 할머니가 전도하는 것이 효과 100%더라는 것을 경험할 수 있었다.

"할렐루야! 하나님께 모든 영광을! 돌려 드립니다. 아멘!"

5. 집안귀신 조상마귀를 소탕하다

내가 전도사 시절 경기도 양평에서 자원하여 새마을 지도자를 하고 있을 때였다. 우리 아버지 연배의 연세가 드신 교회 당회장 목사님이 자기 교회에서 치유부흥회를 인도해 달라고 하셨다.

당회장 목사님이 당회 구역의 전도사를 자기 교회 부흥회 강사로 청하는 것은 쉽지 않은 일이다.

여러 번 사양했으나 반드시 해야 한다고 명령을 하시는지라 불가불 그 집회를 여전도회 주최로 여전도회의 초청으로 하는 것으로 하고 치유부흥회를 인도하게 되었다.

어느 낮 공부 시간에 목사님이 앞으로 나오셔서 내 앞에 무릎을 꿇고 백발 대머리를 쑥 내밀면서 간곡히 부탁하였다.

"강사님, 내 머리에 안수기도해 주시오!"

"아이구! 목사님 왜 이러 십니까? 제가 전도사로서 어찌 감히 당회장 목사님 머리에 손을 얹을 수 있습니까? 안 됩니다, 목사님!"

나도 목사님 앞에 무릎을 꿇고 머리를 숙였다.

"못 합니다. 목사님이 제게 안수해 주십시오."

"아니요! 지금 전도사님은 강사님이니 내게 안수해야 합니다."

목사님은 기어코 내 손을 잡아당기어 자기 머리에 내 손을 억지로 얹으시면서 안수를 하라 하시는 것이었다.

"목사님, 정 그러시면 제가 목사님 손을 잡고 기도하겠습니다."

나는 목사님의 두 손을 꼭 잡은 채 눈물을 흘리며 기도해 드렸다. 본 교회 연세 높은 목사님이 이만큼 강사를 높이고 목사님과 강사 전도사 사이에 오고 가는 말과 행동을 지켜보던 교인들은 저절로 은혜를 받게 되었다.

바로 그 목사님이 내가 목사안수를 받은 후에 목회 임지를 경기도 동두천으로 옮겨가셔서 그 교회의 치유부흥회를 인도하라고 또 초청해 오셨다.

순종하는 마음으로 초청에 응하여 김○○ 목사님의 교회 동두천 ○○교회 치유부흥회를 인도하게 되었다.

200여 명의 성도들이 본 교회 목사님이 강사에 대하여 좋은 소개를 해 놓으신 탓인지 첫 시간부터 불이 붙는 은혜

충만의 집회였다.

어느 시간에 강단 위에 두툼한 헌금봉투가 올라왔다. 봉투에 기록된 사연이 있었다.

「자궁암 수술비 일금 500만원 정, 치유 안수기도 받으면 자궁암이 깨끗이 고쳐질 것을 믿고 내일 서울 을지병원에서 수술 받기 위해 준비한 것입니다. 하나님께 바칩니다. 믿습니다. 아멘. 신○○ 집사 올림.」

이 헌금 봉투를 받아 읽은 강사로서는 상당한 책임감과 무거운 의무감이 생겼다.

'신○○ 집사 본인은 하나님이 고쳐 주신다고 믿고 병원 수술비 전부를 헌금해 버렸는데 만약에 이번에 이 자궁암이 고쳐지지 않는다면 이 헌금은 돌려주어야 하는 것 아닌가? 그래서 병원에 수술하러 보내야 하지 않겠는가? 교회가 그런 부끄러운 일을 해야 할 것인가. 치유부흥회 능력 있는 강사라는 소리를 들으면서 이 자궁암 하나도 해결하는 기도를 못 한다면 어찌 될 것인가?'

이와 같은 책임감과 의무감이 있어 강사로서 마음이 무거워 지고 부담도 되었다. 그러나 그 순간 내 마음에 믿음이 오는 것이 아닌가?

'내가 주의 이름으로 기도하면 지금까지도 나를 쓰신 하

나님이 이번에도 이 신○○ 집사의 자궁암을 치유하실 것이다. 믿고 하나님을 의지하고 담대히 기도하자'

이런 확신 가운데 감사헌금 봉투를 들고 축복기도를 하고 나서 설교말씀을 하기 전에 먼저 그 집사님의 자궁암 치유기도부터 드리기로 하고 그 신○○ 집사를 이름 불러 앞자리로 나오게 하고 강단에 눕게 하여 치유기도를 드렸다.

"나사렛 예수 이름으로! 성령의 능력으로! 사탄아! 물러갈지어다. 이 못된 더러운 자궁암 귀신아! 예수 이름으로 물러갈지어다. 암 근원이 말라 버려라! 암 세포는 죽어져버려라! 이 자궁 안의 암 덩어리가 물같이 녹아버릴찌어다. 예수 이름으로! 성령의 능력으로! 이 자궁암이 깨끗이 고쳐질찌어다. 재발도 되지 말찌어다."

이렇게 기도를 드리는데 약 3분 정도 시간이 걸렸다. 신 집사님 본인이 자궁암이 고쳐진 것을 몸으로 느끼고 말했다.

"아멘! 아멘! 감사합니다. 감사합니다. 여기 암 덩어리가 없어졌어요! 이렇게 꾹꾹 눌러보아도 암 덩어리는 없어요! 사라졌어요!"

사회를 하시던 본 교회 목사님이 얼른 오셔서 만져 보셨다. 그리고 김○○ 목사님이 성도들을 향하여 큰 소리로 말했다.

"여러분! 내가 미리 말했지요? 이렇다니까요. 하나님이 우리 신 집사님 자궁암을 깨끗이 고쳐 주셨어요! 아! 우리 강사님! 오명근 목사님! 정말로 능력의 종입니다. 자! 우리 모두 하나님께 영광 돌리는 박수를 합시다. 할렐루야! 감사합니다."

신○○집사는 물론이요 200여 명 전체 성도들이 펄쩍펄쩍 뛰기도 하고 할렐루야! 아멘! 만세를 부르기도 하고 특별히 신 집사를 가까이 염려하던 이들은 신 집사를 부둥켜안고 기뻐하며 눈물을 흘리며 감격해 했다.

하나님께 크게 영광을 돌렸다.

그런데 그 순간 내게 영적인 예언이 떠올랐다. 그래서 나는 교회 앞에 선언했다.

"여러분! 지금 신 집사님의 자궁암이 고쳐진 것은 이 병이 단순한 암병이 아니라 이 신 집사님 속에 사탄 마귀가 틈을 타서 이 마귀 귀신의 장난으로 병이 된 것입니다. 모든 자궁암이 마귀 귀신 병이라는 것은 아니고 이 신 집사님의 병은 마귀 귀신 병이 곁들었다는 것입니다. 그래서 좀 전에 내가 기도할 때에 '이 못된 더러운 자궁암 귀신아! 예수 이름으로 물러갈지어다!' 라고 기도한 것입니다. 그런데 여러분! 특별히 기도해야 할 걱정거리가 생겼습니다. 이 신 집사님 속에서 자궁암을 일으키고 괴롭히던 마귀 귀신이 여기서 물러갔으니 신 집사님의 병은 고쳐졌으나 이 못된 마귀 귀신이 예수를 믿지 않는 남편 속으로 들어갔습니다. 지금 이 남편 되는 분이 갑자기 집에서 쓰러져서 중병이 든 사람같이 꼼짝도 못하고 누워 있습니다. 이 마귀 귀신은 바로 조상마귀 집안귀신이라는 것입니다. 틀림없이 이 신 집 사님 집안에는 자손이 귀합니다. 집에 늦둥이 쉰둥이 5대 독자 어린 아이가 하나 있지요? 집안에 우환 질고가 그치지 않습니다. 이번에 이 신 집사님의 온 집안에 조상 대대로 괴롭히는 집안귀신을 완전히 때려잡아 소탕해야 합니다. 목사님! 어떻습니까?"

이 말을 들으신 본 교회 목사님이 감탄하며 말했다.

"오 목사님! 맞아요! 맞아! 나도 그렇게 보고 있어요! 이 번에 내가 오 목사님을 강사로 모신 것이 바로 이 때문이 오! 오 목사님은 틀림없이 이 문제를 해결해 주실 줄 믿고 모신 거예요! 믿습니다."

생각해 보니 이 일은 쉬운 일이 아니었다. 그 가정에 가서 집안 집회를 해야 하고 집안 모든 식구들을 마귀 귀신에게 서 해방시켜야 하고 사람에게만 아니라 집안 구석구석을 살펴서 숨어 있는 마귀 귀신을 모두 찾아내어 소탕해야 할 것이니 시간도 많이 소요될 것이며 그 기도를 하자면 나도 진액을 짜내어야 할 것이라 이미 각오는 했지만 힘들 것이 걱정되었다.

그때 신 집사님 집에서 급한 연락이 왔다. 신 집사 남편이 갑자기 집에서 쓰러져서 큰 병이 들어 꼼짝도 못하고 누워 있다는 것이었다.

그때는 토요일 새벽까지 집회를 할 때인지라 한 주간을 그 교회 치유부흥회를 은혜 중 많은 치유 기적 속에 무사히 마치고 토요일 오전 10시, 그 신 집사님 집에 본교회 목사님의 안내를 받아 장로님들과 권사, 집사님들 등 30여명이 갔었다.

짐작했던 대로 그 집에 가서 기도를 해보니 영안이 열리면서 집안 구석구석에 사탄 마귀가 훤히 보이기 시작했다. 모두 함께 본교회 목사님의 사회로 가정예배를 드리고 사탄 마귀 물리치는 찬송을 힘차게 불렀다.

그리고 꼼짝도 못하고 누워 있는 그 집 호주를 위해 마귀 귀신 축사기도를 하여 그 속에 마귀 귀신을 몰아 내고 나니 거짓말처럼 병이 고쳐져 벌떡 일어나 앉았다. 이제부터 자기도 교회에 나가 예수를 믿겠다고 결신 약속을 했다.

그런데 낮 11시쯤 신 집사님의 늦둥이 쉰둥이로 난 외동아들 12살짜리 속으로 그 마귀 귀신이 또 들어갔다.

"장로님! 이 집 외동아들이 지금 국민학교 운동장 동쪽 큰 느티나무 밑에서 놀다가 쓰러졌습니다. 빨리 가셔서 이 아이를 데려 오십시오."

내 말에 젊은 장로 두 분이 놀라서 학교 운동장으로 달려 갔더니 사실대로 그 아이가 쓰러져 있는 것을 들쳐업고 데려왔다.

그 아이를 놓고 또 기도했다.

"사탄아! 이 더러운 귀신아! 이 아이도 예수를 믿는다. 이 놈! 네가 이 아이의 어머니 속에서 아버지 속으로 또 여기서 나가서 지금 이 아이 속에 들어와 있구나! 이 나쁜 놈, 더러운 놈, 오늘이 너의 마지막 날이다. 너의 정체가 드러났지 않느냐? 네놈이 어디로 가든지 어디로 숨어들든지 내가 다 보고 있다. 나는 하나님의 종이다. 예수 이름으로! 성령의 능력으로! 명하노니 이 더러운 귀신은 물러갈지어다."

이렇게 기도하여 이 아이를 살려 놓으니 이 마귀 귀신이 양주군 구리로 시집가서 미장원을 경영하는 아이의 고모에로 갔다. 그 자리에서 구리 미장원에 쓰러진 고모를 위해 기도하니 그놈 마귀 귀신이 물러가면서 믿지 않던 그 고모 내외를 예수 믿게 해 놓았다.

이런 식으로 마귀 귀신을 추적하여 들어가는 사람마다 병을 고쳐놓고 그 사람이 예수를 믿게 하고 하여 그 집 근방에 가까운 친척들까지 모두 9명을 예수 믿게 해 놓고 결국은 이놈 마귀 귀신이 이 집안 가까이에 얼씬도 못하게 멀리 멀리 몰아내는 후속조치 기도까지 했다.

그때 깨달은 것은 사탄 마귀는 어리석은 바보라 여기저기 옮아 다니며 제 일을 하는 것 같았으나 결과적으로는 마귀 귀신이 하나님 일을 해놓고 자빠지는 놈이라는 것이었다.

이제 남은 일은 그 집안 구석구석 숨어 있는 집안귀신을 몰아내는 일이었다.

영투시 영진법靈透視 靈診法으로 잠깐 영적 기도를 해보니 영안에 보여지는 것은 안방 장롱 속에도, 이불 속에도, 마루에도, 부엌 찬장 속에도, 작은방 옷걸이 속에도, 쌀뒤주 속에도, 소 마구간에도, 여기저기 도사리고 있는 그 많은 마귀 귀신들 하나하나를 족집게로 집어내듯이 끄집어내는 기도를 했다.

기도하는 대로 그대로 다 이루어졌다. 이러한 특별 귀신 축사 기도는 환경의 병을 치유하는 기도인 것이다. 이를 지켜 본 30여 명의 교인들은 마치 눈으로 보는 것같이 마귀 귀신이 여기 저기 옮겨 다니는 것을 보고 또 한 마디 귀신 축사 기도에 꼼짝도 못하고 마귀 귀신이 쫓겨 나가고 마귀 귀신이 쫓겨나가니 중한 병이 치유되고, 이와 같은 현장을 보면서 더 큰 은혜를 받게 되었다.

본 교회 연세가 높은 목사님은 옆에서 감사하기 바빴다.

"감사합니다. 감사합니다. 우리 교회에 오명근 목사님! 이런 능력의 종을 보내 주셔서 감사합니다. 이 집이 살았습니다. 우리 교회가 살았습니다. 우리 모든 교인이 살았습니다. 아니 내가 살았습니다. 감사합니다. 감사할 것밖에 없소이다."

목사님은 이러시면서 그저 좋아만 하셨다. 그 신 집사님 집의 집안귀신 조상 마귀를 다 때려잡고 완전 소탕하고 보니 점심도 먹지 못하고 오후 4시가 되었다.

그제야 식당으로 점심을 먹으러 갔으나 밥이 넘어가지를 않는다. 온 몸의 진액이 다 빠진 것이다. 말 그대로 기진맥진한 상태였다. 몸은 몸인데 내가 몸을 생각지 않고 너무 무리한 기도를 한 것이었다.

김○○ 목사님이 장로님들과 함께 서울까지 따라 오셔서 병원으로 나를 데리고 가서서 기력 회복을 위해 606호 영양 주사와 특별 보혈 보신 주사를 놓아주서서 몇 시간 후 기력을 조금 회복하여 어느 장로님의 자가용으로 경북 포항 우리 집까지 태워 주셨다. 참으로 하나님 은혜 감사합니다.

6. 영적 뇌수술로 정신이상자 치유하다

1995년 9월 전남 순천 비월관광농원 세미나실에서 제8기 목회자 고급반 세미나가 진행 중에 광주 지역에서 온 어느 목사님의 사모님이 특별기도 청원을 했다.

"목사님! 특별기도 청원을 합니다. 순천 시내에서 일본식 참치요리 식당을 하는 친구가 있는데 그 아들이 고등학교 2학년 때 서울대학교 진학을 목표로 열심히 공부하다가 머리가 너무 좋아서인지 그만 돌아버렸어요, 완전히 미친 사람, 정신 이상자가 되어 다니던 학교도 휴학을 하고 정신병원, 뇌병원, 여러 군데 기도원 등을 전전하며 백방으로 치료를 했으나 3년이 되어도 고치지 못하고 저렇게 버려져 있습니다. 목사님! 그 젊은이를 여기 불러와서 기도 한번 해 줄 수 없겠습니까?"

나는 즉시 대답했다.

"좋습니다. 데려오십시오! 잘 하면 여기 고급반 세미나에 오신 100여 명 목사님들에게 실물 교수가 될 수도 있겠네요? 데려와 보십시오.".

그 사모님이 즉시 그 젊은이 어머니에게 전화를 하여 자가용 승용차에 싣고 세미나 장소로 왔다. 진행 중이던 세미나 강의를 중단하고 참석한 목사님들을 둥글게 앉게 하고 그 가운데 정신이상자 젊은이를 눕혀놓고 영투시 영진법 영적기도靈透視 靈診法 靈的祈禱로 기도를 했다.

먼저 영진법으로 젊은이의 심령을, 그리고 머리 뇌의 구조 조직 등을 영안으로 투시하여 영적으로 진단을 해 보니 심령에는 원수 마귀가 침범하여 집을 짓고 살고 있으며 머리에 뇌의 구조 조직은 형편없이 망가져 있어서 뇌의 기능이 거의 마비상태가 되어 있다는 진단을 내렸다.

이러한 경우 나는 늘 그러했듯이 내가 어디서부터 어떻게 기도를 시작해야 할까 잠시 속으로 주님께 지혜를 구하는 기도를 드렸다. 먼저 이 젊은이 속에 침범하여 집을 짓고 살고 있는 이 원수 마귀를 축출하는 축사기도逐邪祈禱부터 했다.

"사탄아! 이 더러운 귀신아! 나사렛 예수 이름으로! 성령의 능력으로! 축사 명령을 하노니 물러갈지어다! 예수 이름으로 천리만리 떠나가라! 예수 이름으로 성령의 능력으로 이 마귀병, 귀신병은 깨끗이 고쳐질찌어다."

이 기도에 젊은이 속에 있던 원수 마귀가 물러가고 어둡고 캄캄하던 심령이 성령의 불로 환하게 밝아지는 것을 보았다.

아멘 할렐루야! 이 젊은이는 살았다. 정신 이상자, 미친 사람이 아니라 정상적인 사람으로 회복되었다.

그러나 문제가 남아 있다. 머리에 뇌 기능이 거의 마비상태가 되어 있는 이 형편없이 망가진 뇌의 구조조직을 바로잡아야 한다. 치유해야 한다. 뇌 치료를 어떻게 하나? 의학적인 이론적으로 뇌수술을 해야 할 것이다.

이 사람은 의학적인 뇌수술이 불가능하다. 수술로 치료할 단계는 벌써 지났다. 의학적으로는 불치의 정신병자인 것이다.

그렇다면 방법은 오직 하나 하나님께서 고쳐 주시도록 기도할 것뿐이다. 하나님이 능력으로 치유하신다 해도 매우 힘들고 시간도 많이 소요될 것으로 느낌이 든다. 그래서 나는 그때 좀 이상하다 하리만큼 특별한 기도를 드렸다.

"하나님 아버지, 나는 아무것도 아닙니다. 아무것도 할 수도 없는 무식하고 무능한 종입니다. 여기 이 젊은이는 본래 아이 큐(I.Q)가 높은 우수한 두뇌를 가졌던 사람이나 원수 마귀가 침범하여 이렇게 뇌의 구조조직과 기능을 형편

없이 망가뜨려 놓았습니다. 세상 의학적인 방법으로는 불치의 병이 되었습니다. 하나님이 고쳐주시지 않으시면 이 사람은 이대로 죽습니다. 하나님 살려 주옵소서! 종이 오늘 무례한 기도를 드리오니 용서하시고 종이 구하는 대로 들어 주옵소서! 종이 18살 때 청암사 꼭대기 깊은 계곡에서 기도 아닌 항의기도를 드릴 때 주님이 직접 나타나셔서 내 머리에 안수하시며 말씀하셨잖아요? '네가 무엇을 구하든지 내가 다 들어주리라' 하셨지 않습니까? 지금까지 주님의 이 약속의 말씀대로 종이 구하는 기도는 다 들어 주셨나이다. 그 약속의 말씀을 믿고 오늘 종이 좀 특별한 것을 구합니다. 이 젊은이, 망가져서 쓸 수도 없는 이 뇌를 하나님께서는 뜯어고치고 치료하실 수도 있겠지만은 종이 특별히 구합니다. 운전하던 자동차의 타이어가 펑크가 나면 펑크를 때우거나 재생 타이어를 바꾸어 끼울 수도 있으나 그보다도 안전하고 좋은 방법은 신품 정품 타이어로 교환해 버리는 것입니다. 그런 뜻에서 하나님의 종이 구하오니 창조주 하나님 이 젊은이의 머리 사이즈에 딱 맞는 두뇌를 새로 창조하셔서 이 망가진 뇌를 끄집어내시고 새것으로 교환해 주옵소서! 하나님은 하실 수 있나이다. 종이 믿습니다."

이 기도는 보통의 쉬운 기도가 아니었다. 나는 이 기도를 하면서 비지땀을 흘렸고 눈물을 주룩주룩 쏟으면서 있는 힘을 다 소비시키면서 이를 지켜보고 있던 목사님들이 볼 때에 만약에 하나님이 저 기도를 안 들어 주신다면 저 목사님이 저대로 숨이 넘어갈 것처럼 보일 만큼 죽을 각오로 결사적으로 울부짖는 기도를 했던 것이다.

바로 그때였다. 영안이 열리며 보여졌다.

하늘 문이 활짝 열리면서 주님이 치료 맡은 천사의 손에 번쩍번쩍 빛나는 새로운 뇌를 들려서 내려오시는 장면이 눈앞에 펼쳐졌다.

'이제는 됐다, 주님이 직접 오셔서 이 사람 뇌수술을 하실 작정이시구나!'

생각하니 너무너무 감격스럽고 감사했다. 주님이 오셔서 치료와 수술을 맡은 천사를 시켜서 이 사람 뇌수술을 하시는 외과적인 수술 과정은 너무나도 확실하고 분명했다.

소독을 하고, 두피를 벗기고, 두개골을 둥그렇게 오려내고, 시꺼멓게 보이는 뇌를 들어내고 새로 만들어 가지고 오신 번쩍번쩍 빛나는 새 뇌를 집어넣고, 혈관 신경선들을 정교하게 연결하고, 닫고, 꿰매고, 마지막 정리 작업까지도 순식간에 깨끗이 처리하시고 그 사람 머리 위에 주님이 손을 얹으시고, 천사를 거느리고 올라가셨다.

"감사합니다. 감사합니다. 주님이 직접 오셔서 이 사람을 뇌수술까지 하셔서 깨끗이 고쳐 주시오니 감사합니다. 하나님! 축복하셔서 이 사람 두뇌가 더 우수한 두뇌가 되게 하여 주옵소서, 이 사람 3년 동안 원수 마귀에게 시달리며 상처 입은 몸 전신을 질병 없는 건강한 몸이 되게 하여 주옵소서! 감사합니다, 예수님 이름으로 기도합니다. 아멘!"

이렇게 기도를 마쳤다. 1시간 20분쯤 걸렸다. 그 사람이 변하고 달라졌다. 새 사람이 되었다. 누가 보아도 똑똑한 젊은 청년이다. 예의를 갖추어 인사를 한다. 100여 명 모인 세미나 목사님들이 일제히 감격하며 박수를 치며 하나님께 영광을 돌려 드렸다.

이것이 바로 영투시 영진법 영적기도이다. 그 젊은이는 곧 바로 고등학교 2학년에 복교했고 열심히 준비하여 서울대학교 법대에 합격했다는 소식도 들었다.

이와 같은 영투시 영진법 영적기도는 잘 이해되지 않으면 성경적으로 신학적인 이론이나 학설로는 '이상하다, 사이비성이 있다, 이단이다'라고 생각할 사람들이 있을 것이다.

영투시靈透視, 심령감찰心靈監察, 천사동원天使動員, 주님초청主招請, 영적뇌수술靈的腦手術, 마귀 정체를 봄魔鬼正體透視 등등은 성경적으로 잘못 되었다, 이단적이다라고 할 소지가 다분히 있다고 본다.

그러나 분명한 것은 이와 같은 영적 기도로 불치병, 난치병이 고쳐졌다는 사실이다.

1999년 3월에는 전남 나주시 영산포 감리교회 이○○ 장로님의 딸 23세 처녀의 심장을 이식 수술하는 영적 기도를 드린 바도 있다.

하나님의 능력은 초인적超人的, 초자연적超自然的, 무궁무진無窮無盡하심을 믿을 수밖에 없다. 하나님께서 나 같은 무능 무식無能 無識한 종을 이렇게 기적적인 하나님 능력 행사에 사용하여 주신다는 것 감사 찬송할 뿐이다.

350장 찬송

내게 부어 주시려고 은혜 예비 하신주

그 은혜로 채워 주사 능력 있게 합소서

나를 일꾼 삼으신 주 크신 능력 주시어

언제든지 주 뜻대로 사용하여 줍소서, 아멘.

7. 세계적 희귀병 바켓트 씨 병이 치유되다

지금부터 15년여 전에 충북 음성군 맹동면 ○○교회 치유부흥회를 인도하러 갔었다. 이 교회에서는 먼저 그 지역 목회자들을 초청하여 '목회자 치유목회 세미나'를 2박 3일간 실시하고 연이어 치유부흥회를 했다.

부흥회를 진행하던 중 본 교회 문○○ 목사님의 간곡한 청이 있어서 세계적인 희귀병, 불치병이 들어 있다는 어느 권사님의 딸을 기도하러 가게 되었다.

가서 보니 당시 29세의 처녀인데 어머니는 권사라도 아버지는 믿지 않는 불신자였다. 꼼짝도 못하고 자리에 누워 있는데 문자 그대로 피골이 상접이라皮骨相接 바싹 마른 체구에 눈만 껌벅껌벅했다. 우선 환자를 안심시키고 말했다.

"하나님의 능력을 믿습니까? 믿으세요! 믿기만 하면 하나님이 고쳐 주십니다."

이렇게 일러 놓고 환자 본인에게 물어 보았다.

"이 병이 어떠한 병입니까? 병명이 무엇이며 병력은 얼마나 되며 지금까지 병 치료는 어떻게 해왔습니까?”

처녀는 아주 연약한 음성으로 그러나 아주 세밀하게 자신의 병에 대하여 설명했다.

“목사님! 저의 병은 ‘바겟트씨 병’이라 합니다. 소장 창자가 마치 새끼를 꼬듯이 배배 꼬여 감기는 병이며 밤낮으로 칼로 창자를 오려내는 것 같은 고통과 통증을 도저히 참을 수 없는 그런 병이며 세계적으로 고칠 수 없는 불치의 병, 죽는 병이라 합니다. 이 병은 세계 의학계에 등록되어 있다고 하는 희귀병인데 전 세계에 3명이 이병에 걸렸다고 합니다. 넘버원은 미국에서 발생한 환자인데 이미 사망했고, 넘버 투는 독일에서 발생한 환자인데 그도 지금 고칠 수 없어 죽어가고 있고요, 넘버 쓰리가 한국에서 발생한 바로 저라고 합니다. 지금까지 알려지지 않았던 세계적인 희귀병을 독일사람 ‘바겟트’라는 의사가 발견하고 세계 의학계에 보고를 했다 하여 병명을 ‘바겟트씨 병’이라 불렀다고 합니다. 저도 이 병으로 서울 세브란스 병원에서 세 번이나 수술을 했습니다. 한번 수술을 할 때마다 창자를 30센티미터씩 짤라 내야 하는데 수술 후 약 6개월이면 병이 또 재발하고요 두 번 이상은 수술이 안 된다는 것을 병원에서는 벌써 죽을 사람으로 알고 더 이상 수술할 필요가 없다는 것을 제가 죽지 않고 살아 있는 한 너무너무 고통스러워하니 한 달 전에 세 번째 수술을 하기는 했으나 그 후로 이렇게 계속해서 창자를 칼로 도려내는 것 같은 통증을 진통제 약으로 겨우겨우 이겨 가고 있으며 음식을 제대로 먹을 수도 없어 죽기나 기다리는 병입니다. 한번 수술을 할 때마다 천만 원씩, 이미 삼천만 원의 병원 수술비가 나갔고요, 그래도 살 수 있다는 희망이라도 있으면 무슨 방법으로라도 살고 싶습니다만 살 수가 없다고 병원에서 말했어요. 반드시 죽을 것이니 만약에 사망하면 즉시 병원에 연락해 달라고 합니다. 그러면 넘버 쓰리 환자가 사망했다고 세계 의학계에 보고를 한다고 합니다."

고통스러워 눈물을 흘리며 자신의 병증에 대해 이렇게 설명하는 그 처녀의 말을 들어 주는 데도 힘이 들었다. 참으로 딱하고 불쌍한 처지의 환자였다.

불쌍하고 안타까운 마음으로 그 처녀를 놓고 잠시 깊은 영투시 기도를 해보았다.

영적으로 보니 엄청난 일이 발견되었다. 우선 그 처녀에게와 그 집 전체가 사탄마귀의 지배를 받고 있으며 그 처녀 심령에도 집안 여기저기에도 사탄 마귀가 웅크리고 있는 것이 영안에 나타났다. 그런데 더 놀라운 것은 병원에서 세 번째 수술을 할 때에 어차피 며칠 내로 죽을 사람이라 생각을 하고 이 처녀의 복부를 해부하고 꼬여 있는 창자 부분을 짤라 내고 봉합을 하면서 창자를 꿰매는 바늘을 너무 깊이 찔러서 세 바늘이나 신장을 겹쳐서 아무렇게나 기워 놓은 것이 발견되었다. 수술한 병원 의사의 무책임하고 무성의한 수술을 알아낸 것이다. 옆에 있는 본 교회 문 목사님께 이 사실을 말하니 이렇게 대답했다.

"마귀새끼부터 때려잡아야 합니다. 오 목사님은 하실 수 있습니다. 기도해 주십시오, 이 처녀를 살려주십시오."

나는 문 목사님의 손을 그 처녀의 오른쪽 복부에 얹게 하고 나도 함께 그곳에 손을 올려놓고 기도를 했다.

"예수 이름으로! 성령의 능력으로! 사탄아! 이 더러운 귀신아! 이 사람 이 처녀는 예수를 믿는다, 오늘이 너의 마지막 날이다. 이 이상 더 이 사람 속에 있을 수 없다. 너의 정체가 드러났다. 예수 이름으로 물러갈지어다, 나가라! 순순히 나가지 않으면 너 이놈! 성령의 불로 태운다. 성령의 칼로 찔러 쪼갤 것이다. 물러갈지어다."

이렇게 기도하는 동안 마귀 귀신이 겁을 먹고 무서워 눈을 휘둥그래 굴리면서 소리쳤다.

"아이구, 안 되겠다, 능력의 사자다. 나갑니다, 나갑니다.”

마귀가 순순히 빠져나가는 것이 영안에 보였다. 나는 두 손을 높이 들고 단호히 물리쳤다.

“이 더러운 사탄 놈아! 사탄아! 마귀 귀신은 이 사람에게서 즉시 물러가라! 동시에 예수 이름으로 명하노니 이 집안 구석구석 숨어 있는 마귀 귀신들을 함께 몰고 나가라! 한 놈도 남기지 말라! 완전히 물러갈지어다.”

이와 같은 한마디 귀신 축사기도鬼神 逐邪祈禱에 집안 여기저기 숨어 있던 마귀 귀신들이 모두 빠져나와 그 처녀 속에 있던 마귀 대장을 따라 줄줄이 끌려나가는 것이 영안에 보였다.

“옳지! 잘한다. 멀리 멀리 물러가라! 다시는 뒤도 돌아보지 말라! 영영 멀리 천길 만길 물러가라!”

그 기도대로 되었다. 그 처녀가 마침내 달라지기 시작했다. 생기가 돌고 얼굴에 화색이 돌고 기뻐하며 감사합니다, 감사합니다를 연발했다.

이어서 처녀의 희귀병 ‘바겟트씨 병’을 치유하는 기도를 했다.

“오! 거룩하신 하나님 아버지! 이 처녀를 살려 주옵소서! 성령의 능력으로 영적인 수술을 하여 주소서! 주여! 오시옵소서! 주님 직접 오셔서 수술하여 주옵소서! 주여! 오시옵소서!"

그 순간 기도가 응답되었다. 하늘 문이 열리고 주님이 직접 의사들이 입는 것과 같이 흰 가운을 입은 치료의 천사 셋을 데리고 처녀에게로 내려오시는 것이 영안에 비쳤다.

기도하는 중 주님이 그 처녀를 치유하시러 직접 내려오시는 응답을 본 나는 너무 감격스럽고 감사하여 눈물이 쏟아졌다.

"예수 이름으로 성령의 능력으로 병원에서 잘못 봉합하여 창자와 함께 신장을 세 군데나 꿰맨 이것부터 실밥을 따고 신장에 상처를 싸매어 주소서! 병원에서 이미 세 차례의 수술을 통해 60센티미터의 소장 창자를 짤라내고 창자를 억지로 잡아 당겨서 봉합해 놓은 자체가 잘못 되었사오니 주님 능력으로 창조의 능력으로 짤라낸 60센티의 창자를 새 것으로 보충해 주옵소서!예수 이름으로 성령의 능력으로 이 처녀의 '바겟트씨병', 이 병의 근원을 치유하소서! 병 세 포가 말라 버리고 병 뿌리가 없어지게 하옵소서! 병원에서 는 세계적인 희귀병으로 100% 사망한다 하오나 주님의 권 세와 능력으로 이 환자를 깨끗이 치유하사 살려 주시옵소 서! 살아나게 하여 주시옵소서! 살려 주옵소서! 치유하여 주시옵소서! 주님 능력을 믿습니다. 감사합니다. 감사합니다. 종이 기도하는 대로 고쳐 주시니 감사하나이다. 너무너무 감사합니다."

이렇게 기도를 드리는데 주님은 내가 기도로 말씀드리는 꼭 그대로 하나하나 들어주시고 응답하시는 것이 아닌가?

나는 기도하면서도 그저 감사할 뿐이요 감격의 눈물을 흘릴 뿐이었다,

주님은 치료를 다 마치시고 데려오신 천사들을 거느리시고 올라가시었다. 처녀가 깨끗이 치유되었다. 그렇게 심하던 통증이 사라졌다 한다. 누운 자리에서 벌떡 일어나 걷고 뛰고 춤을 추었다. 방안을 펄쩍펄쩍 뛰어 다녔다. 그의 어머니 권사도 함께 뛰며 좋아하며 믿지 않던 그의 아버지도 참석을 시켰는데 죽을 시간만 기다리고 고통스러워하던 딸이 눈앞에서 이렇게 깨끗이 치유되는 것을 지켜보고는 고백했다.

"아! 하나님이 정말 살아 계시네요! 나도 예수를 믿겠습니다. 오늘밤부터 교회에 가겠습니다."

하며 본 교회 문 목사님께 머리 숙여 결신 약속을 했다.

"할렐루야! 아멘! 모든 영광을 하나님께 돌립니다. 감사의 박수를 하나님께 영광 돌리는 박수를 하십시다."

그 가정에서 주는 커피 한잔 마시고 교회로 돌아왔다. 저녁 집회 시간에 그 처녀가 예쁘게 한복 차림으로 그의 아버지와 같이 교회에 나왔고 앞에 나와 눈물로 간증을 하고 특송으로 찬송을 불렀다.

410장 찬송(가사를 약간 고쳐서 부름)

아 하나님의 은혜로 이 쓸데없는 자
왜 살려 주시는지를 난 알 수 없습니다
내가 믿고 또 의지함은 내 죽을병도 잘 아는 주님
날 살려 주신 것을 너무 감사합니다.

그 처녀가 이 찬송을 부르는데 모든 성도들이 함께 은혜를 받고 교회가 감사 감격의 눈물바다가 되기도 했다. 정말로 하나님의 은혜 감사합니다.

그 교회에서도 많은 치유 능력과 기적의 응답을 체험하고 집회를 마치고 금요일에 나는 나의 시무처 교회로 돌아왔다.

주일날 밤 12시에 급한 전화가 울려왔다. 받아보니 그 고침 받은 처녀의 교회 문 목사님이었다.

"이 밤중에 무슨 급한 일이 있습니까?"

"목사님! 큰일났습니다. 그 처녀가 또 죽어 갑니다. 그때

목사님께서도 병은 고쳐졌어도 소화기 계통이 아직은 어린 아이와 같으니 절대 음식을 조심하라고 가르쳤는데 그 처녀가 괜찮다고 병이 다 나았다고 하며 그의 부모도 모르게 식당에 가서 그가 평소에 좋아하던 비빔국수 한 그릇을 맛있게 사 먹었다고 합니다. 그 길로 집에 돌아와 또 죽는다고 저 야단입니다. 본래 병 고침 받기 전처럼 그렇게 심하게 아프다고 합니다. 목사님! 저것을 어찌하면 좋습니까? 어려우시지만 목사님 빨리 오셔서 이 처녀를 다시금 살려 주세요! 만약 이 처녀가 이것 때문에 죽게 되면 하나님 영광이 가려집니다. 한번 더 오셔서 기도해 주십시오 살려 주십시오.”

'아니 갈 수는 없구나! 어려워도 가야지!'

전화를 끊고 급히 준비하고 자동차를 몰고 달려갔다. 약 2시간 정도 걸려서 도착하고 보니 처녀가 쇳소리를 지르며 배를 부둥켜안고 죽는다고 비명을 지르고 있었다.

기도해 보니 또 창자가 꼬이기 시작했다. 다시금 예수 이름으로 성령의 능력으로 이 병이 고쳐지도록 통증이 멈추도록 기도를 했다.

하나님께서 또 살려 주셨다. 그 처녀는 그 밤에 다시 치유를 받고 살아나게 되었다. 음식을 절대 조심하라고 당부하고 돌아왔다. 하나님 은혜는 생각할수록 감사할 일 뿐이다.

뒤에 들은 얘기지만 그 기도를 하고 이 처녀가 완전히 고침 받고 나서 서울 세브란스병원에서 연락이 왔단다.

"그 환자가 아직도 살아 있습니까? 상태는 어떻습니까?"

처녀가 직접 전화에 답하기를

"내가 그 환자 본인입니다. 이렇게 죽지 않고 멀쩡히 살아 있습니다. 우리 교회 부흥회 강사로 오신 오명근 목사님이 치유 안수기도로 나를 고쳐 주었습니다. 나는 이제 당신들 병원에서는 못 고치고 죽는다고 하던 그 '바겟트씨 병'환자가 아닙니다."

했더니 병원에서는 그렇다면 바로 그것이 기적이네요 하며 세계의학계에 이대로 보고를 하겠다며 내 이름을 다시 물어서 기록을 했다 한다.

그것이 사실이라면 세계 의학계에 '바겟트씨 병' 치료 역사기록에 내 이름이 올라가 있을지도 모를 일이다. 그런데 한 가지 재미있는 일이 벌어졌다. 그 처녀가 병 고침 받고 오랜만에 한복 차림으로 교회에 나와서 간증 특송을 부르던 그 날 밤에 그의 어머니 권사가 감사헌금 봉투를 강단에 올려놓았다.

집회 사회를 하던 본 교회 목사님이 그 감사헌금 봉투를

열어 보이는데 만 원짜리 두 장, 이만 원이었다. 본 교회 목사님이 헌금 봉투를 던져 버리며,

"이 사람들아! 하나님을 엿장수 취급하는가? 병원에는 한번수술에 천 만 원씩, 사람을 고치지도 못하고 살리지도 못했는데도 삼 천 만 원이나 갖다주면서 아니 글쎄 하나님이 진짜 죽을병을 고치고 살려 주셨는데 말은 감사합니다 하면서 이게 뭡니까? 당신들 이 헌금 받지 않겠어요! 헌금의 액수가 많고 적은 것이 문제가 아니라 헌금은 신앙의 척도가 되는데 말은 감사라 하며 감사헌금에는 정성이 없어요. 하나님을 엿장수 취급이나 하는 것 같아서 섭섭하단 말이오!"

하며 헌금봉투를 던져 버리는 것을 보았다. 그 집이 헌금할 돈도 없는 가난한 집이 아니다. 병원에 수술비 삼천 만 원도 댈 만한 집이다. 그런데도 죽을병을 고침받았다는 감사헌금으로 이만 원은 좀 부족한 헌금이리라. 헌금해 놓고 헌금으로 하나님을 섭섭히 해서는 안 되는 것이다. 그런 생각이 좀 들었던 경험이다.

8. 목회자 치유목회 제15기 세미나

1997년 1월 20일 '목회자 성령치유 능력목회 제15기 세미나'가 당시 내가 시무 하던 서울 ○○교회에서 2박 3일간의 일정으로 월요일 오후 4시에 개회예배를 드리면서 시작되었다.

세미나 모든 일정 프로그램은 교회에서 진행하고 숙소는 종로 5가에 위치한 '기독교 100주년 기념관'으로 하고 역사적인 개회를 하였다.

본 세미나의 일정 계획은 다음과 같았다.
제1일(월) 오후 제1강 개회예배 설교말씀
　　　　　밤 제2강 서론 : 치유목회란?(치유목회학
　　　　　　　　　　강의)
제2일(화) 오전 제3강 치유목회의 성서적 신학적 원리
　　　　　오후 제4강 치유목회 치유사역의 실제적 방법
　　　　　밤 제5강 치유진단학 강의

제3일(수) 오전 제6강 치유사역 실습 및 치유기도 훈련

대략 이와 같은 세미나 강의일정을 6식 식사를 한 식탁에서 나누며 같은 숙소에서 합숙하면서 열심히 강의를 듣고 시간시간 뜨거운 통성 기도로 기도의 불을 붙이면서 참석한 목회자중에서 「질병치유기도 청원카드」를 제출하는 이들을 위해 개인 치유 안수기도를 해 가면서 진행했다.

세미나가 잘 진행되면서 강사인 나 자신도 참석한 모든 목회자 부부가 감동을 받고 은혜를 받고 성령의 은사를 많이 체험하기도 했다.

그 중에 몇 가지를 여기서 소개하려 한다.

(1) 경남 고성 지방에서 온 어느 전도사님은 세미나중 기도하여 간경화증을 고침 받게 되었고,

(2) 인천 쪽에서 참석한 어느 목사님의 사모는 수술할 계획이 되어 있는 큼직한 좌측 자궁 근종 물혹 두개가 깨끗이 고침 받았고,

(3) 허리 디스크, 좌골 신경통, 무릎 관절염, 갑상선 비대증, 사모님들의 산후풍증세 등등 기도하는 대로 대개는 치유되는 기적의 경험들을 많이 하게 되었다.

나는 서론 강의 중에 「능력 있는 치유사역의 보편성」에 대해 강의를 했다.

'치유사역 치유능력 기도는 카리스마적인 어떤 특정인이나 특별히 능력 받은 종들만 하는 것이란 선입관을 버리고 치유사역은 나도 할 수 있다는 확신을 가져야 한다.

세미나에서 배우는 성서적 신학적 치유원리와 배경을 잘 이해하고 그대로 믿고 그렇게만 기도하면 목회자들에게는 이미 100% 신유은사 치유능력이 성령님과 함께 와 있으니 나도 할 수 있다는 확신 있는 믿음으로 치유 기도를 하면 된다고 확신하는 것이 곧 믿음이다.

여기 참석한 모든 목회자들은 이 세미나에서 배우는 대로 환자 앞에서 담대히 믿음으로 질병 추방 명령기도를 하면 된다'라는 것을 강조하여 강의하였다.

그런데 그 15기 세미나에는 89명의 목회자와 사모님들이 참석했는데 그 중에 아주 인상적인 사모님 한 분이 있었다.

김포 공항 쪽에서 오신 목사님의 사모님이신데 헤어스타일이 2층 올림머리이고 세미나실 맨 앞자리에 앉아 열심히 기도하며 강의내용을 한 마디도 빼지 않고 메모하며 바인다 교재에 일일이 밑줄을 쳐가며 교재 여백 빈칸에는 빽빽

이 강의내용을 필기하면서 질문도 많이 하고 하는 열심쟁이요 믿음이 좋은 치유사역자다운 면모를 갖추었다고 생각이 되었기에 강사인 나도 그 사모님이 인상에 남고 그 사모님을 의식하면서 더 힘있게 강의를 할 수가 있었다.

세미나 강의가 월요일 오후와 밤 시간, 그리고 화요일 오전 강의까지 마치고 점심식사를 함께 마친 뒤 오후 강의가 시작되었는데 맨 앞자리에 그 사모님이 보이지 않았다.

누가 이 사모님을 본 사람이 있느냐 ? 이 사모님이 어디에 갔단 말이냐? 물어 보아도 아무도 그 사모님의 행방을 아는 이가 없었다.

강의가 시작되어 한 시간쯤 지났을 때에 헐레벌떡 가쁜 숨을 쉬며 그 사모님이 나타났다. 혼자가 아니라 키가 크신 미남형의 남자 한 분의 손을 잡고 들어왔다.

얼른 보아도 짐작이 가는 남편 목사님, 목사님도 함께 세미나에 참석하시도록 하기 위하여 이렇게 모시고 달려온 것이다.

"강사 목사님! 잠시 제가 간증할 시간을 주시겠습니까?"

나는 강의를 잠시 멈추고 그 사모님께 간증할 시간을 주었더니 부부가 함께 앞으로 나와 이렇게 간증을 하는 것이었다.

"여러분, 저희 부부는 함께 장로회 신학대학을 공부하고 제 남편은 목사 안수를 받아 담임목사로, 저는 부교역자인 전도사로 시무하면서 김포공항 앞 방화동에 ○○교회를 개척하여 저희 부부가 함께 목회를 하고 있습니다. 그런데 개척교회를 일으키시느라 너무 고생을 한 나머지 일년 전부터 '악성 류마티스 관절염'이란 병이 와서 온몸 전신에 관절이란 관절은 모두 염증이 오고 관절이 붓고 비뚤어지기도 하고 일어나고 앉는 것, 움직이고 활동하는 것이 많이 불편하고 가만히 있어도 관절에 통증이 심하여 밤에는 잠을 잘 수가 없고 낮에는 아무 일도 할 수가 없는 고생을 하고 있었습니다. 마침 이 교회에서 목회자를 위한 질병치유 세미나가 있다는 신문 광고를 보고 우리 부부는 이 기회를 놓치지 말고 꼭 참석해서 우리부터 치유를 받자고 작정을 하고 이 세미나를 기다리던 중 지난 토요일부터 목사님이 감기가 겹쳐 병이 바짝 더 심하여져서 자리에 누워 꼼짝도 못 하시는 것이었습니다. 그래서 지난 주일도 제가 예배인도를 하고 아깝게도 목사님은 자리에 누워 계시는데 저 혼자서 이 세미나에 오게 되었습니다. 세미나가 한 시간 한 시간 진행되는 데도 저는 병석에 누워 계시는 남편 목사님이 걱정되었습니다. 오늘 오전 강의 중에 강사 목사님이 치유목회 치

유사역의 보편성을 말씀하시면서 치유사역, 치유능력기도
는 나도 할 수 있다, 내 남편 목사님께 달려가서 이 세미나
에서 배운 대로 예수 이름으로 질병 치유 명령 기도를 하면
우리 목사님의 악성 류마티스 관절염이 깨끗이 고쳐진다고
믿었습니다. 그래서 오전 강의가 끝나자마자 점심시간을
이용하여 5호선 전철을 타고 급히 집으로 달려가 누워 계시
는 목사님 머리에 가슴에 손을 얹고 치유명령기도를 했습
니다. 그런데 강사 목사님처럼 치유명령 기도문 말이 줄줄
나오지를 않았습니다. 더듬더듬 겨우 '예수 이름으로! 성령
의 능력으로! 저의 남편 목사님의 악성 류마티스 관절염 병
이 깨끗이 고쳐질찌어다, 치료될 찌어다.'라는 치유명령 기
도를 몇 번이나 반복해 가며 정말 저의 진액을 쏟아 바치는
온 정력을 다 쏟아 붙는 믿음으로 기도를 했습니다. 하나님
의 능력이 들어가는 것을 믿었습니다. '믿습니다 아멘! 예
수님 이름으로 기도합니다' 했을 때 저의 눈앞에 기적이 나
타났습니다. 꼼짝도 못하고 누워 있던 남편이 누가 부축을
해 주지 않으면 혼자서는 일어나지도 못하던 목사님이 벌
떡 일어나 앉는 것이었습니다. 일어서서 펄쩍펄쩍 뛰기도
하십니다. 양팔을 굽혔다 폈다도 하시며 열 손가락을 자유
로 움직이십니다. 우리 목사님이 고쳐졌습니다. 치유됐습

니다. 여기 이렇게 건강하게 오셨습니다. 오랜만에 내 남편 목사님이 저를 업어 주셨습니다."

그때 이 간증을 듣는 우리 모두는 함께 눈물을 흘리며 박수를 쳤다. 사모님의 이 간증은 강사의 강의보다도 더 효과가 있었다. 치유기도, 치유능력 기도는 믿기만 하면 목회자라면 누구나 할 수가 있다, 하면 된다, 하는 것을 배울 수가 있었다.

그 시간 이후로 이분들 내외는 여전히 맨 앞자리에서 세미나 강의를 착실히 받아 앞으로 능력 있는 치유 사역자로 치유목회의 능력자로 하나님 앞에 쓰임 받을 종으로 훌륭히 훈련을 받고 이어서 이들 부부가 목회하시는 ○○교회의 치유부흥회도 인도하게 되었다.

그 교회에서는 치유기도 받을 교인들을 앞에 놓고 질병진단은 내가 하여 병명과 질병 부위를 찾아주면 치유기도는 본 교회 목사님 내외가 하게 하여 이들 부부가 모든 질병을 고칠 수 있다고 교인들이 인정할 수 있도록 하였다.

이 교회 치유부흥회에서도 온갖 병들이 치유되고 평소에 믿지 않던 사람도 전도 받아 교회에 오는 사람은 모두 병 고침을 받고 기뻐하며 새 신자 등록을 하여 수십 명의 새 교인도 얻게 되었다.

이것이 내가 인도하는 '목회자 치유목회세미나'에 참석하는 목회자들의 모델 케이스라 하면 좋을 것 같다. 세미나에 참석하여 치유사역 훈련을 받는 모든 목회자들이 이 교회 목사님 부부 같이만 되어진다면 성공적이라 생각된다.

9. 부흥회 새벽기도회 때 계획에도 없던
교회당을 건축하다

지금부터 약 25년 전 경북 경주에 있는 ○○교회 치유부흥회를 인도하러 가게 되었다.

지금은 500여 명 교인에 붉은 벽돌로 2층 대형 교회로 잘 지어진 성전에다 담임목사 ○목사님은 그 지역 노회장을 역임한 노회 내에서 손꼽히는 지도 어른 목사님이 되어 있으나 내가 부흥회를 인도할 당시에는 70여 명 교인에 창고와 같은 뱃집교회 작은 교회엿고 ○목사님은 당시 전도사로서 목사 안수를 받기 전이었다.

부흥회를 앞두고 강사로서 새벽마다 준비 기도를 드리는데 부흥회 3일 앞에 하나님이 환상으로 그 교회인 경주시 ○○교회라는 간판이 붙은 크고 아름다운 교회를 똑똑히 보여주셨다.

부흥회를 떠나는 월요일 아침에 ○전도사님이 전화를 했다.

"강사 목사님! 대구에서 몇 시 기차를 타신다는 연락을 주시면 시간 맞추어 경주역으로 마중을 나가겠습니다."

나는 즉시 자신 있게 대답하였다.

"전도사님! 경주역까지 마중 나올 필요 없습니다. 나는 그 교회가 어디에 위치해 있는지를 모르나 하나님이 환상으로 그 교회 위치와 교회 모양을 똑똑히 보여주셨습니다. 경주시 ○○동으로 택시를 타고 가서 그 교회를 잘 찾아갈 수 있으니 시간 맞추어 교회 정문에 나와 있으면 거기서 만나기로 합시다."

이렇게 전화로 확실한 약속을 하였던 것이다. 당일 대구역에서 특급열차를 타고 오후 3시경 경주 역에 도착하여 택시로 ○○동에 와서 사방을 둘러보아도 환상 중에 하나님이 보여주셨던 큰 교회, 그런 모양의 교회가 보이지 않았다.

이상하다는 생각에 택시에서 내려 여기저기 한참 동안 돌아 다녀 보아도 그 교회가 보이지 않았다. 찾을 길이 막막하다.

하는 수 없이 길가에 부흥상회 라는 점방 벽에 공중전화가 있어 ○전도사님께 전화를 했다.

"목사님 여기예요, 잘 찾아 오셨네요. 오른쪽을 보십시오. 교회 문앞이에요."

공중전화 수화기를 든 채로 돌아보니 그곳이 바로 ○○교회 대문 앞이었다. ○전도사님은 장로님들과 함께 교회 문 앞에서 기다리고 있어서 반갑게 만나 악수를 나누며 도착 인사를 하였다. 그런데 웬일인가? 교회를 쳐다보아도 전혀 낯선 건물이다. 환상 중에 보여주신 그 큰 건물이 아니었다.

지금 내 눈앞에 나타난 건물은 슬레이트 지붕에 앞 부분 종탑도 없는 창고와 같은 뱃집 건물이다. 이상하다 생각하면서 부흥 집회는 계획된 프로그램대로 진행되었다.

화요일 점심시간에 ○전도사님께 물었다.

"전도사님! 혹시 교회를 다시 건축할 계획이 있습니까? 이번 집회에 교인들이 은혜를 받고 건축 헌금이라도 할 작정은 아닌가요?"

○전도사는 고개를 저었다.

"아닙니다, 교회 건축 계획은 없습니다. 강사님은 아무 부담도 갖지 마시고 그저 말씀중심 은혜중심 치유중심으로 집회를 하시면 됩니다."

하나님께서 보여주신 환상을 믿고 있는 나로서는 점점 이상하다는 생각이 더 들었다.

부흥 집회는 시간시간 은혜롭게 잘 진행되고 2부 집회에서 치유 안수기도에 질병 있는 성도들이 병 고침을 받는 기적이 많이 일어나기도 했다.

여기 필자가 남기고 싶은 이야기는 바로 목요일 새벽집회에서 생긴 기적적인 축복이 이루어진 현장 소식이다.

그 날 새벽 기도회의 말씀은 마태복음 14장 13절에서 21절 까지를 본문으로 하여 「기적적인 축복을 주시옵소서」라는 제목으로 20분간 설교를 했다.

"벳세다 들녘에 구름 떼같이 많이 모인 무리들을 한 어린아이가 바친 점심 도시락인 보리떡 다섯 개와 물고기 두 마리를 재료로 삼아 주님께서 축사하시니 거기 모인 여자와 아이들 외에 오천 명이 배부르게 먹고 남은 부스러기가 열두 바구니라 했다.

그때 거기에 모인 무리들은 모두 여자도 어린아이도 다 배부르게 떡과 물고기를 먹었다. 그렇다면 실제로 떡을 먹은 사람들의 숫자는 이만 명도 넘었을 것이다. 참으로 기적 중의 기적이다. 이와 같은 기적의 축복은 어떤 곳에 어찌하여 이루어졌던 것일까?

몇 가지 그 이유가 성경말씀에 나타나지만 그 중에서 한 가지 기적의 요인이 된 것은 한 어린아이가 주님께 바친 점심도시락 오병이어가 재료가 된 것이다.

주님께서 '갈 것 없다 너희가 먹을 것을 주어라' 그리고 '오병이어 그것 내게 가져오라' 하신 말씀에 따라 이것이 주님 앞에 드려졌을 때에 주님께서 축사하시고 제자들을 시켜 무리들에게 나누어주니 먹은 사람이 여자와 아이 외에 오천 명이라 했으니 여자와 아이들 모두 떡을 먹었으므로 떡 먹은 숫자는 줄잡아도 이만 명은 되었을 것이며 남은 조각을 열두 바구니라 하니 이것이 기적 중에 기적이 축복이 된 것이 아니겠는가?

○○교회가 기적적인 축복을 원하시는가? 기적적인 축복을 주시옵소서! 진정으로 기적적인 축복 받기를 원한다면 오늘의 말씀처럼 오병이어의 재료를 하나님께 바치자. 반드시 물질을 가져오라 헌금을 많이 하라는 말이 아니다. 돈이 아니라도 주님이 축복하며 기도하실 재료는 얼마든지 있다. 내게 있어 가장 소중한 그 무엇이 우리 교회가 기적적인 축복을 받는데 재료가 될 수 있다면 그 무엇을 아끼겠는가? 우리 몸이 재료가 될 수 있다.

찬송가 141장 4절에

'늘 울어도 눈물로써 못 갚을 줄 알아

몸밖에 드릴 것 없어 이 몸 바칩니다'

우리 몸을 진정으로 헌신하자. 기적적인 축복의 재료가

되자.”

이렇게 말씀을 전하고 있는데 어떤 건장한 체격의 젊은이가 눈물을 이리저리 닦으면서 손에 무슨 메모지 쪽지를 들고 강단 앞으로 나오는 것이었다.

“저는 ○○집사입니다. 조실부모하고 열두 살 어릴 때부터 소먹이는 목장에서 머슴살이를 해서 동생 하나를 공부시켰습니다. 동생은 연세대학을 나와 지금은 서울에 수천 명이 모이는 큰 교회 담임목사가 되어 있습니다. 동생을 엘리트 목사로 키우면서 저는 국민학교도 제대로 다니지 못하여 한글도 깨우치지 못한 무식한 집사입니다.”

그가 강단에 올려놓고 간단한 메모지 쪽지를 읽어보니 몽당연필에 침을 찍어 쓴 맞춤법에 맞지도 않는 비뚤비뚤 쓴 몇 마디 글이었다. 내가 해석하면서 읽은 내용은 이와 같은 것이다.

「하나님요, 내가 가지고 있는 홀스타인 젖소 중에 제일 좋은 놈으로 한 마리 우리 교회가 기적적인 축복을 받는데 재료로 바칩니더.」

나는 전○○ 집사가 여러 마리 젖소를 가지고 있어서 그 중에 한 마리를 바친 줄 알았는데 알고 보니 그에게 젖소 한 마리는 재산 전부였다.

이를 지켜보고 있던 양돈업을 하는 박○○ 장로님이 나섰다.

"나는 전 집사보다 백 배나 부자인데 내가 어찌 그냥 있겠습니까? 나는 돼지 100마리를 바치겠습니다."

그 동네는 목축업을 하는 이들이 모여 사는 곳이라 교인들 대다수가 짐승 기르는 것이 직업이었다. 그 날 새벽 전 집사의 젖소 한 마리에 감동을 받은 교인들이 다투어 소, 돼지, 닭, 오리, 염소, 다섯 마리, 스무 마리, 백 마리 이렇게 한곳이 결국 교회를 새로이 건축하고도 남을 정도로 헌금 헌물이 쌓이게 되었다.

여기에 꼭 싣고 싶은 얘기가 하나 있다.

박○○ 장로님이 바친 돼지 100마리가 기적을 낳게 했다. 그 당시는 양돈업자들이 내리막길이었다. 돼지 일본 수출길이 막히면서 돼지 값이 똥값이 되어 돼지를 길러도 사료값도 안 된다 하여 새끼를 낳으면 산 채로 땅을 파고 묻어버리기도 하고 전라도 지방에 어느 양돈업자는 돼지를 산 채로 리어카로 잔뜩 실어다가 바다에다 버렸더니 돼지가 꿀꿀대며 어느 어촌 마을로 기어올라오는 소동을 벌여 구속된 사건도 있었다.

그런데 하나님은 돼지 시세를 뒤집어 주셔서 돼지 값이

금값이 되게 하셨다. 막혔던 일본 수출길이 확 열리게 된 것이다.

양돈업자들이 땅을 파고 묻어 버린 죽은 고기를 파내어 팔다가 들통나서 구속되는 소동이 또 벌어지게 되었으니 박 장로님의 돼지 100마리가 교회를 지을 만큼의 거액이 되었다.

기적이 따로 있나. 이런 것이 바로 기적이 아닌가! 그 교회 ○전도사님은 마냥 신이 났다. 뜻밖에 교회를 다시 짓게 되었다고 하며 나더러 이렇게 말했다.

"목사님! 환상 중에 우리 교회 간판이 붙어 있었다는 그 교회를 하나 그려주고 가세요. 목사님 그림 잘 그리지 않습니까?"

나는 눈을 감고라도 생생히 기억나는 하나님이 보여주신 그 환상 중에 본 교회를 볼펜으로 멋지게 그려 놓고 돌아왔다. 그런데 ○전도사님은 그 그림을 설계사에게 주어 그 모양대로 설계하여 교회를 신축하게 되었다.

그래서 하나님이 축복하셔서 박 장로님 양돈업에 큰 축복이 되기도 했다. 문제는 젖소 한 마리 전 집사다. 하나님이 책임져 주셨다. 불과 10년 사이에 전 집사는 경주 부근에서 제일 큰 목장의 주인 사장이 되었고 전 집사 목장의 젖소가 얼마나 많은지 거기서 나오는 우유를 다 소비할 수가 없어서 경주 부근에 큰 우유 가공 공장이 생겨서 그 공장에서 전 집사를 명예회장으로 받들어 모시게 되었다.

하나님이 기적의 축복을 주시려고 하시니 눈에 보이도록 불과 10년 사이에 전 집사가 전 장로 되고 경주 부근에서는 손꼽히는 부자가 되었으니 정말로 축복 중에 축복 받은 전 ○○ 집사님이다.

나는 지금까지 목회를 하며 부흥회를 인도해 오면서 전○○ 집사와 박○○ 장로님을 잊을 수가 없다. 박 장로님은 2년 전에 천당 가셨고 전 집사님은 나보다 두 살이 많으니 내년이면 장로 은퇴를 하게 된다.

"기적적인 축복을 주시옵소서!"

기적적인 축복은 재료가 있어야 주님이 축사하실 때 이루어지는 것이다. 나는 생생히 체험을 했다.

제6부

여중 여상에서 교목생활 8년을 지내다

1988년 3월 3일 경북 영주에 있는 ○○여자중학교, ○○여자상업고등학교(지금은 전산정보고등학교)의 교목실장으로 부임했다.

부임 당시 나를 이 학교에 추천 소개해준 친구 영남신학대학의 졸업 동기 박○○ 전도사님이 중학교 성경교사로 교목 역할을 하며 근무하고 있었기에 처음으로 기관목사, 교목으로 부임하였어도 전혀 낯설지 않을 수 있었다.

한 울타리 안에 같은 건물에서 중학교 고등학교가 있으며 학교장도 한 분이 양쪽을 다 맡아 있고 교목실도 하나로 쓰게 되니 학교에서는 이사장님, 학교장님이 방침을 세워 나를 교목실장으로 박전도사님은 중학교 성경교사 담당 교목으로 자리를 정하고 나의 책상머리에 '교목실장 오명근목사'라는 명패도 만들어 놓아주었다.

교목실장으로 하는 일은 매주 1회 중·고 나누어 월요일 첫 시간은 고등학교, 화요일 첫 시간은 중학교에서 전체학생, 전체 교직원이 모두 참석하는 학교예배 경건회 채플시간을 운영하며 설교하는 일이다.

말 그대로 문제 많은 10대 청소년들 중학교에 약 1,500명 고등학교에 약 2,000명, 합 3,500명의 학생들과 교직원 150여명 이들에게 설교하고 이들을 지도하고 신앙으로 이끌어 가는 일이란 쉽지 않은 일이었다.

1. 일주일에 평균 28시간 이상의 수업을 하다

학교 채플시간 설교하는 일보다도 힘들고 어려운 일은 고등학교 전체 일주일에 1시간 성경교사로 수업을 해야 하는 일이었다.

한 학년에 8학급씩이니 일주일에 24시간 성경수업에다 상고로써 실업계 고등학교이므로 특활공부시간이 있어서 나는 고등학교 때 세종식 속기법 속기사速記士자격증을 소지하고 있는지라 다른 교사가 못하는 학년별로 1시간씩 속기법 강의를 하기로 하였다.

그러므로 3시간씩 일주일에 24시간 수업에 채플시간 1시간 해서 결국 일주일에 28시간 수업을 꼭 해야 한다.

학교 법으로 한 교사가 일주일에 수업시간이 18시간을 넘지 못하도록 되어 있는데 나는 28시간 수업을 해야 하니 참으로 중노동이었다.

세종식 속기법(世宗式 速記法)
(1).기본문자 1호 (자음)

9미리	9미리	9미리	12미리	3미리	12미리	
가	거	고	구	그	기	ㄱ
나	너	노	누	느	니	ㄴ
다	더	도	두	드	디	ㄷ
라	러	로	루	르	리	ㄹ
마	머	모	무	므	미	ㅁ
바	버	보	부	브	비	ㅂ
사	서	소	수	스	시	ㅅ
자	저	조	주	즈	지	ㅈ
차	처	초	추	츠	치	ㅊ
카	커	코	쿠	크	키	ㅋ
타	터	토	투	트	티	ㅌ
파	퍼	포	푸	프	피	ㅍ

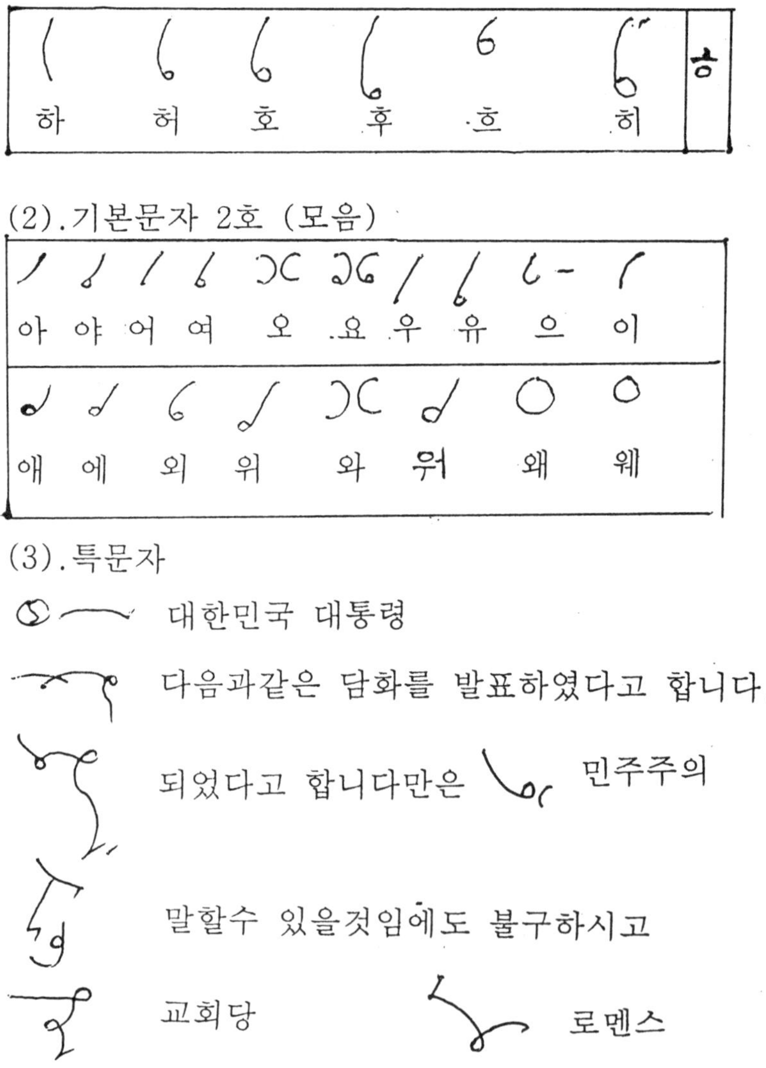

하 허 호 후 흐 히

(2).기본문자 2호 (모음)

아 야 어 여 오 .요 우 유 으 이

애 에 외 위 와 워 왜 웨

(3).특문자

대한민국 대통령

다음과같은 담화를 발표하였다고 합니다.

되었다고 합니다만은   민주주의

말할수 있을것임에도 불구하시고

교회당   로멘스

농림분과위원장   노력하도록,

선생님   보려고합니다

그러므로 일주일 내내 아침에 출근하면 저녁 퇴근할 때까지 땡! 시작종이 울리면 빠른 걸음으로 교무실에 가서 출석부 꽂이에서 해당 학급의 출석부를 뽑아들고 엘리베이터도 없는 4층 5층 교실로 가야 하고 땡! 하고 마침 종소리와 함께 수업을 마치고 교무실로 내려와 출석부를 제자리에 꽂으면 쉬는 시간 다 지나 버리고 곧 바로 수업 시작종이 땡! 하고 울리니 또 급히 다른 학급으로 수업에 들어가야 한다.

이렇게 하루 평균 5시간씩 수업을 진행해야 하니 온 종일 화장실 다녀올 시간의 여유가 없었다. 그러니 화장실에 가야 할 소변을 참는 것이다. 수업이 끝나고 방광이 터질 듯 소변이 가득 차면 그제야 바쁘게 화장실로 간다. 온 종일 참아서 하루 한번 정도 소변을 본다.

그러기를 몇 년이 되니 속담에 '소변을 참으면 병이 된다'는 말대로 소변병이 오게 되었다.

어느 날 밤중에 배가 뒤틀리고 창자가 끊어질 듯 아픈 통증이 왔다. 나는 내 나름대로 내 몸을 진찰해 보고 '급성맹장염'으로 생각하고 아픈 배를 움켜쥐고 택시를 타고 병원으로 갔다.

"급성맹장염입니다. 빨리 수술부터 해주시오!"

내 말을 들은 장로님이신 병원 내과과장이 이렇게 받았다.

"목사님, 이병은 맹장염이 아닙니다. 진찰 검사 결과 신장결석腎臟結石입니다. 목사님은 평소에 소변을 많이 참으시는 습관이 있으시군요! 그로 인하여 신장과 요로와 방광에 결석結石이 되어 돌이 맺혀서 많이 아픈 병입니다. 이 병에는 특별한 약이 없어요. 통증이 심하신 것 같으시니 진통제鎭痛劑나 쓰고 맥주를 많이 드시면 소변 따라 신장 요로에 생긴 결석이 빠져 나올 수 있습니다. 맥주를 많이 드십시오."

의사는 진통제 주사만 놓고 병실을 나갔다.

세상에 목사가 맥주를 먹어야 하는 병도 다 있구나. 의사 장로님은 약으로 드시는 것이니 괜찮아요 하지만 그렇다고 목사가 약을 먹는다 하고 먹어 보지도 않은 맥주를 그것도 많이 먹을 수 있단 말인가?

고민이 생겼다. 그런데 학교 교목 목사가 신장결석으로 병원에 입원을 했다고 알려지자 학교 이사장 장로님도, 교장 교감 장로님도, 선생님들도, 몇 사람 학부모들도 내가 좋아하는 과자나 사탕이나 빵을 싸들고 오는 이는 없고 모두가 맥주를 몇 병씩 싸들고 문병을 오는 것이 아닌가! 학교장님은 아예 맥주 한 박스를 가지고 왔다.

신장결석에 맥주가 약이라는 걸 나만 몰랐지 대개 사람들은 다 알고 있는 상식이라는 것이다. 나는 3일만에 퇴원했다.

맥주가 병실에 수북히 쌓였다. 병원에 다 돌려주고 맥주 한 박스를 집으로 갖고 와서 그 날 밤 아내를 불렀다.

"여보, 이것이 약이라니 한번 먹어 봅시다."

아내에게 시켜 맥주 한 병을 억지로 눈 깜고 다 마셨다. 먹어 보니 아무 맛도 없고 말 오줌 냄새 같은 냄새가 코끝에 나는 것 같고 쩝절한 맛에 도저히 더 먹을 수가 없었다. 그리고 한참을 기다려도 소변이 나오지를 않았다. 병원 내과 과장 장로님께 전화를 걸었다.

"장로님이 시키시는 대로 집에 와서 지금 맥주 한 병을 다 먹어보아도 소변이 안 나옵니다."

"아이구 목사님! 그 체격에(겨우 체중 95Kg밖에 안 되는데!) 맥주 한 병은 몸 안에 다 흡수되고 소변으로 나올 것이 어디 있겠습니까? 최소한 목사님 같으시면 맥주 5병은 잡수셔야 할 걸요!"

아무리 약이라고 하지만 이것은 더 못할 짓이었다. 할 수도 없다. 결단을 내리고 그 후에 더 이상 맥주를 먹지는 않았다.

뿐만 아니라 교목실을 전교생 전교직원의 신앙상담실로 만들었으므로 학생들이 교목실을 찾아 상담을 받을 수 있는 시간이 없으니 학생들이 수업시간 전에 교목실을 찾아왔다. 나는 언제나 다른 직원들보다 한두 시간 더 빨리 출근을 해야 하고 혹은 수업이 끝나고 찾아오는 학생들 때문에 교목실은 언제나 전깃불을 밝혀야 할 늦은 시간까지 퇴근을 못하게 되었다.

그리고 교목은 교회 담임목사가 아니니 매일 새벽기도회를 교목실에서 하기로 하고 숙직 직원과 학교 가까이의 교직원들과 학생들을 불러 새벽기도로 모였는데 하루 새벽에 평균 20명 정도는 함께 모여 기도할 수가 있었다.

새벽마다 교목실에서 울려 퍼지는 통성기도 소리는 학교 전체에 쩌렁쩌렁 메아리쳤다. 전국 어느 학교에도 없는 특별한 일이라고 교계 신문에 소개되기도 했다.

2. 전직원 전교생 교회 출석화 운동을 전개하다

학교 교목으로 부임한 지 6개월만에 이사장, 학교장의 허락을 받아서 '전 직원 전교생 교회 출석화 운동'을 전개했다.

교직원들에게도 전교생 학생들에게도 「교회 주일예배 출석 확인 카드」를 만들어 나누어주고 반드시 출석하는 교회의 담임목사의 도장을 받아 오도록 철저히 검사하고 권면하고 강조를 했다.

좀 못 마땅히 여기고 속으로 불평하는 교직원도 있고 순종하지 않는 학생들도 많았지만 이 운동은 계속해서 전개해 나갔다.

이 학교에서는 성경과목을 정식 학과목으로 하여 시험도 치고 채점도 하여 성적일람표를 만들어 내기 때문에 성경과목 점수는 시험점수 60%, 교회출석 30%, 평소 성경수업 10%로 채점하기로 하였기에 학생들이 교회에 출석을 안 하면 성경 점수를 못 받고 다른 과목 성적이 다 좋아도 성경점수를 제대로 못 받으면 전체 평균점수가 뚝 떨어지게 되니 학생들은 교회출석을 안 하면 종합성적에 손해를 보도록 만들어서 억지로라도 교회 주일예배에 꼭 나가도록 정책적으로 이 운동을 지속하게 되었다.

교직원들은 교회출석을 안 하면 평소 근무성적이 안 좋은 것으로 하여 진급이나 호봉 인상책정에 불리하도록 했고 끝까지 순종하지 않으면 본교에서는 사표를 내고 다른 학교로 전임하도록 권장하였다. 새로 교회출석하면서 교회의 집사, 권사, 안수집사, 장로 등 직분을 임직하게 되면 특별 상여금(보너스)를 지급하기로 했으므로 교직원들도 억지로라도 교회에 출석을 해야만 되도록 하였고 만약에 끝까지 교회출석을 안 하게 되면 스스로 손해가 되도록 만들어 놓았다.

학생들 중에는 본인은 교회출석을 안 하면서 교회에 나가는 학생에게 부탁하여 출석카드에 도장만 찍어 오도록 하는 학생도 있고 교회에 따라 출석카드에 본인이 왔다 갈 때에 도장을 찍어 가라고 예배실 입구 안내석에 인주와 도장을 내 놓은 교회가 있어서 이것이 알려져서 학생들이 그 교회에 가서 출석 카드에 한꺼번에 여러 개 도장을 찍어오는 일도 있었다.

몇몇 학생들은 끝까지 자신의 종교는 불교라고 하며 교회 출석카드에 도장을 찍어 오지 않는 사람도 있었고 교직원 중에는 신앙은 자유라면서 끝까지 교회출석카드를 제출하지 않는 교사도 있었다.

그래도 이 운동을 벌이고 전교직원, 전교생 교회 출석화를 권장하고 강조한 결과 6개월만에 98% 교회출석을 이루었으므로 이는 전국 178개 중·고등 미션스쿨 가운데 우리 학교가 단연 1위의 기록을 세우기도 했다.

그런데 평교사중 역사과목을 담당하고 있는 이○○ 선생이 이 운동에 정면으로 반발하고 교목 목사와 투쟁을 하겠다고 나서는 것이었다.

이 선생은 36세 노총각으로 숙소도 인근 절간에서 지내며 자신의 종교는 철두철미 불교라고 주장하는 사람이었다.

아무리 기독교 학교라 해도 성경과목을 정식 교과목으로 할 수 없으며 수업시간에 예배를 드리는 것도 불법이라고 주장을 하고 신앙은 자유인데 교직원과 전교 학생들을 억지로 강제적으로 교회출석을 강조하는 것도 부당한 일이라고 항변을 했다.

한번은 학교예배 채플시간에 이런 설교를 했다.

"애국가에도 '하나님이 보우하사 우리나라 만세'라고 하는 것처럼 하나님이 이 나라 이민족을 지켜 주셨습니다. 한국은 기독교를 통하여 하나님이 이 나라 이민족을 축복하셨습니다. 이 나라 이 민족은 예수를 믿어야 합니다. 기독교는 최상의 종교임을 믿고 여러분 모두 예수를 믿고 교회에 나가시기 바랍니다."

이런 설교를 했는데 그 날 이 선생이 역사과목 수업시간에 교실마다 다니면서 이렇게 강의를 했다.

"교목 목사의 설교는 거짓말이다. 호국불교護國佛敎다. 이 나라를 지킨 것은 불교다. 불교가 이 나라 이 민족을 살렸다. 기독교가 최상의 종교가 아니다. 불교가 참 종교다. 호국불교다."

각 학급마다 세례교인으로 예수 제자 훈련을 마친 학생 중에 종교부장을 부실장으로 심어 놓았는데 이들이 역사수업을 마치자마자 교목실로 달려와 이런 보고를 했다.

학생들이 볼 때 교목 목사와 역사 선생이 보기 좋게 싸움이 붙었다 하며 교회 출석화 운동을 반대하며 불교가 자기의 종교라고 하던 학생들 20여명이 이○○ 선생과 같이 따로 비밀히 모임을 갖기도 한다는 것이다.

'이 일을 어떻게 수습할까?'

목사가 역사 선생과 싸울 수도 없고 학교 당국에 건의하여 정말 인사처리를 할 수도 없는 일이었다.

'가제는 게 편이라'는 속담처럼 만약 역사 선생을 부당하게 인사 처리를 한다면 억지로 마지못해 교회에 출석하는 척하는 여러 명의 교직원들의 심한 반발도 예상이 되는지라 이를 감정적으로 처리해서도 안 될 것이라 생각했다.

고심하며 기도하던 중 하나님께서 지혜를 주셨다. 은혜롭게 해결할 수 있는 실마리를 찾게 되었다. 그 무렵 그 역사 선생이 3학년 재학생 임○○ 학생과 깊은 교제 관계인 것을 그 학급 부실장 겸 종교부장 학생을 통해 알게 되었다.

이것은 현직 교사로서는 파면 감이다.

어느 날 점심시간에 이 선생을 교목실로 불러 진지한 상담을 했다. 교회 출석화 운동을 왜 반대하였느냐? 기독교 학교에서 역사 수업 시간에 '호국불교'를 역설해서 되겠느냐? 하는 등의 따지고 추궁하는 말을 하지 않았다.

"이 선생님! 자신의 종교가 철저히 불교라고 주장하는 선생으로서 이만한 항변과 반발은 이해가 됩니다. 충분히 그럴 수 있습니다. 그렇다면 불교계 학교로 가셔야지요? 기독교 학교에 오셔서 불교를 역설하시면 안 되지요. 이 선생님! 이제 생각을 조금 바꾸어 보십시오! 비교종교학이라는 학문도 있습니다. 불교인이 기독교 학교에 오신 것을 비교종교학을 공부한다 생각하시고 이 학교의 정책과 방침에 조금씩 협력, 협조해 보십시오. 기독교에 대해 연구하고 공부해 보려면 교회에도 가 보셔야 합니다. 나는 불교의 사찰인 절간에도 갑니다. 선산 도리사善山 桃李寺에는 자주 가기도 했고 거기서 그 어려운 불경책 공부를 6개월 동안 했습니다. 이 선생! 협조해 주십시오! 기독교를 공부해 보십시오! 옹졸한 마음을 여시고 마음의 폭을 넓혀 보십시오! 그리고 이 선생! 진짜로 내가 이 선생을 도와 드리고 협력해야 할 일이 있군요? 3학년 임○○ 학생과의 관계를 내가 잘 알고 있습니다. 학교 당국이 이 사실을 알게 되면 이 선생은 징계위원회에 회부되어 파면될 일이잖아요? 이 선생! 나와 약속합시다. 이번 주부터 교회에 나가십시오! 이 선생의 종교는 불교라 해도 기독교를 공부해 보기 위해서 교회에 나가는 것입니다. 그리고 이 선생도 교회 출석 카드에 확인 도장을 찍어 오십시오. 임○○ 학생 문제는 내가 보호해 드리지요! 그 대신 지금 학생들의 졸업식이 3개월 정도 남았으니 졸업식후에 곧 바로 결혼하십시오! 이 선생! 나와 약속할 수 있겠습니까?"

물론 이 선생은 눈물을 글썽이면서 나와 약속을 굳게 했다. 그 주일부터 교회에도 출석을 했고 카드에 확인 도장도 받아 왔다.

졸업식을 마치고 그 학생과 결혼도 했으며 그때부터는 자기의 종교를 기독교라 쓰기도 했고 숙소를 절간에서 맨션 아파트로 옮기고 몇 개월을 신혼생활을 하다가 다른 학교로 전출해 나갔다.

그 후에 이 선생이 전출해 간 그 학교에 내가 찾아가기도 했고 거기서도 내외가 함께 교회에 잘 나가고 있는 것을 보고 왔다. 하나님 은혜 감사하며 이 선생 같은 기독교에 반항하는 지성인을 기어이 기독교인으로 인도했다는 가슴 뿌듯한 보람과 기쁨도 체험하게 되었다.

이 선생을 감동 감화시켜 기독교인으로 만들어 교회 출석까지 하게 된 그 일로 인하여 학교 안에서 교직원들의 호응도나 교회출석 98% 도달에 있어 적극 협력 협조하는 교직원들이 되어지는데 크게 도움이 되었다.

3. 사고를 내고 자살하려는 학생의 아버지가 되다

문제 많은 10대 청소년들 3,500여 명이 모여 있는 여학교이며 마치 시한폭탄처럼 자칫 잘못하면 터질 위험도가 높은 젊은이들의 집단이고 보니 항상 학교 안팎에서 터져 나오는 크고 작은 문제들이 많이 일어났다.

학생들이 등교해서 학교 안에서 일어나는 문제들도 심심찮게 발생되거니와 방과 후 학생들의 생활지도에서 터져 나오는 문제와 사고와 사건들이 교목 목사가 알게 모르게 많이많이 일어났다는 사실이다.

10대 청소년 여학생들은 정말 문제 많고 겁없는 아이들이다.

본래 청소년기는 인생에 있어서 철없는 어린아이와 어른들의 중간 과정시기이다. 겉으로 보기에 신체적으로는 어른 비슷하고 어른 옷을 입으며 어른 흉내도 낼 수 있는 때이지만 내면적 정신 구조에 있어서는 아직도 어린아이들이기 때문에 판단력도 자제력도 선택의 지혜에도 어린아이와 같으므로 정신 성장과 육체발육의 밸런스가 맞지 않는 시기이기에 자연히 시행착오와 행동실수와 불장난이라고 말하는 사고가 발생하게 되고 청소년 범죄 사건을 저지르게 된다.

학생들 중에는 21세 22세의 다 큰 처녀들이 있고 선생님들은 대학을 졸업하고 중·고 정교사 자격증을 받아 각 과목의 교사로 부임할 때가 빠르면 24세이며 150여 명 교직원 중에 25세 전후의 젊은 총각과 처녀가 절반 이상이고 보니 학생들이 군사부일체君師父一體라는 말대로 선생을 아버지처럼 보는 것이 아니라 결혼대상의 이성교제 적령기라고 생각할 수 있기 때문에 학교 안에서 선생과 학생 사이에 발생되는 문제도 종종 일어나기 마련이다.

학생들 중에도 교목 목사가 모르는 이성간의 사건 사고가 많겠으나 교목 목사가 스스로 발견하는 일, 문제의 현장을 목격하는 일, 수상히 보이는 학생의 뒤를 추적하고 현장에 숨어서 잠복 근무를 하여 현장을 덮치는 일, 다른 학생들의 제보로 알게 되는 일 등 수없이 많은 10대 청소년 소녀들의 이성간의 사고 사건을 여기에 일일이 다 열거할 수는 없고 그 중에서 몇 가지 기억에 남는 일을 기록해 보려 한다.

한번은 무더운 여름철이라 교목실 출입문을 활짝 열어놓고 책상에 앉아 일을 보고 있는 중 문득 복도 쪽을 바라보는 순간 한 여학생의 옷차림이 이상했다.

교복 하복을 입은 중학생 여자아이인데 교복 속에 등허리에 곱사 등같이 무엇이 불룩이 튀어 나와 있는 것이 이상하여 복도 쪽으로 달려가서 그 아이를 불러들였다.

"애야, 너 옷차림이 이상하구나, 곱사등은 아닌데 이 불룩이 튀어나온 것이 뭐냐?"

그러면서 그 아이의 등을 만져보다가 깜짝 놀랐다. 가슴을 아기 기저귀 베로 둘둘 말아 붙잡아 매어 그 매듭을 등뒤로 하여 돌려 맨 것이었다.

"너 이게 무엇이냐? 갑자기 가슴이 불어나 커지니까 이를 감추려고 기저귀 베로 붙잡아 맨 것이 분명한데 너 왜 이렇게 하고 학교에 왔느냐? 바른 말 하라, 어떻게 된 일이냐?"

그 아이를 다그쳐 꾸짖으며 무슨 일이라도 좋으니 교목목사님께 솔직하게 얘기를 하라, 그러면 내가 너를 도와 주겠다고 했더니 이 아이가 울면서 모든 것을 다 틀어 놓고 얘기했다.

그 아이는 중학교 1학년인데 정말 아기가 아이를 낳은 것이다. 1학년 여름방학 무렵이었으니 그렇다면 임신은 국민학교 6학년 때 되었다는 계산이다. 어린 너를 임신시킨 놈이 누구냐고 물어보니 고등학교 2학년에 다니는 친오빠였다.

친오빠와 어린 여동생이 한 방에서 공부하고 잠자고 하는 것을 그의 부모는 별로 염려하지 않았다가 이들도 청춘이라 이성간의 성충동을 이기지 못하고 불장난을 한 것이 공교롭게도 임신이 되어 버린 것이다.

이 아이는 그 후로 뭐가 뭔지도 모르고 하루 이틀 한 달 두 달 그대로 방치했고 몸이 좀 이상해지는 것을 느꼈으나 어찌 할 바를 모르고 부모에게도 숨기고 혼자 끙끙대다가 임신 열 달이 되어 버린 것이다.

아침에 학교에 가려고 책가방을 들고 나가던 딸아이가 배가 아프다고 야단이라 그의 아버지가 자전거에 태워서 병원에 데려갔더니 의사의 말이 '아이가 아기를 낳습니다. 이미 양수가 터지고 아기 머리가 나오고 있습니다.' 했다고 한다.

그 아버지 심정이 어떠했겠는가? 기가 막히는 일이다. 아이는 아이를 무사히 해산했다. 병원에서 하루 종일 몸조리를 하고 이제 집으로 데려가라고 한다. 아버지는 산모 아이는 데려 가지만 갓난아기는 안 가져간다는 것이다.

병원 측에서는 '안 가져가면 우리 병원은 어찌 합니까? 당신의 아기니 당신이 가져가야지요.' 했다.

산모 아기의 아버지가 딸아이를 윽박지르며 다그쳤다. "어느 놈이냐? 이 아기의 애비가 어디 있느냐? 말해라 이년아 말 안 하면 죽인다." 하며 뺨을 후려 때리니 "아빠! 우리 오빠, 오빠란 말이에요, 오빠가 그랬어요!" 했다.

하는 수 없이 아기의 아빠도 내 집에 있으니 맡길 데도 없구나 하고 그 아버지는 결국 두 아기를 집으로 데려 갔다는 것이다.

3일만에 이 아이가 학교를 가는데 아기를 해산한 산모이고 보니 갑자기 가슴 유방이 커지고 아기 젖먹일 젖이 돌아난 것이다.

여름 하복 교복을 입으니 가슴이 너무 부풀어서 옷을 입을 수도 없고 보기에도 흉한지라 혼자서 아기 기저귀 베로 가슴을 동여맨다는 것이 그 매듭 처리를 잘못하여 등뒤로 불룩이 나와서 교목의 눈에 띄게 된 것이다.

참으로 야단났다. 큰일이다. 이를 학교에 끝까지 숨길 수도 없는 일이며 이 일이 탄로 나면 당연히 이 아이는 퇴학이다. 교목으로서 약속한 대로 보호하고 도와주기는 해야겠는데 다른 학생들 보기에도 그냥 둘 수 가 없었다.

여름 방학까지 담임선생도 모르게 숨겼다가 그의 부모와 의논하여 갓난아기는 영아 보육원 시설로 보내고 여름 방학이 지나면서 그 학생은 다른 학교로 전학을 시켜 주었다.

참으로 놀랄 일이다. 어찌 중학교 1학년 13세 짜리 어린 아이가 임신을 하고 아기를 낳았다는 말인가?

이런 일이 생겼을 때에 교목 목사로서 알게 되었으니 학교도 모르게 담임선생도 모르게 희생되는 학생을 끝까지 보호하고 지켜주고 도와 주는 일이 쉽지 않은 일이었다.

이성문제란 친오빠 친남매도 믿을 수 없고 안심할 수 없다는 것을 체험으로 배웠다.

또 한 가지 고등학교에서 생겼던 일이다.

밤 12시에 급한 전화가 왔다. 받아보니 2학년 3반 종교부장 겸 부실장인 학생의 전화였다.

"목사님! 큰일났어요! 우리 반 강○○ 학생이 지금 자살하려고 해요! 제가 암만 말려도 안 돼요. 하는 수 없이 목사님이 도와주시면 이 학생을 살릴 수 있을 것 같아 전화 드립니다. 목사님! 이 학생을 좀 살려 주세요!"

전화를 끊고 급히 서둘러 그 학생이 자살하러 갔다는 절 골짜기로 달려갔다.

머리는 흐트러지고 옷차림도 반은 벗겨진 채 손에 농약병을 들고 있는 것을 보아 아직 약을 마시지는 않은 것 같았다. 달려가서 약병을 빼앗아 던져 버리고 그 학생을 꼭 껴안고 타일러 주는 말을 했다.

"강○○! 이놈아! 왜 이런 일을 저지르는 거야! 무슨 말 못할 사정이라도 있는 게로구나! ○○아! 너 마음부터 고쳐먹어라, 앞날이 만리 같은 꽃다운 나이에 이렇게 생을 마감해야 할 일이 무엇이냐? 오! 너 이놈! 홀몸이 아니로구나! 임신했니? 이래서 죽으려고 한 거냐? 이 어리석은 놈아 왜 죽어? 죽지 않아도 돼, 살길이 있다고. 내가 도와줄게."

그 학생이 울면서 내게 털어놓고 되어진 일을 소상히 말해 주었다.

지금 임신 7개월이라 한다. 알고 보니 내가 당회장을 맡아 있는 교회의 장로님 딸이다. 한 동네에 같은 또래 고등학교 3학년인 사촌오빠가 있어서 종종 같이 한 방에서 공부도 하고 잠도 같이 자고 하다가 넘지 못할 선을 넘은 것이 임신이 되었다는 것이다. 유산시키려고 맘먹었으나 차일피일 한 것이 4개월 5개월이 되니 병원에서는 낙태수술을 못한다고 하여 7개월이 되어 버렸는데 이제는 배가 많이 불러오고 압박 복대를 해도 감출 수 없이 표가 나니 이 일을 누구에게도 말도 못하고 더구나 아버지 장로님이 알게 되면 맞아 죽어도 죽을 판이라 학교에 알려지면 당장에 퇴학일 것이니 '에라 그만 죽어버리자, 죽는 것밖에 방법이 없다.' 라고 판단하고 그래도 친한 친구인 부실장에게 말 해놓고 깨끗이 죽자 하고 농약을 싸 놓았다가 들고 그 절 골짝으로 올라간 것이다.

시간이 새벽 2시가 되었다.

그 학생을 집으로 돌아가라 해도 아니 갈 것이 뻔하고 사실은 보낼 수도 없고 해서 내 차에 태워 우리 집으로 데려왔다.

"여보! 우리 다 큰 딸 하나 생겼소! 당신은 엄마가 되고 나는 아빠가 되어 이 학생을 보호하고 도와주어야 해요!"

이유도 내용도 모르지만 집사람은 내가 하자는 대로 잘 협조해 주었다. 우선 이 학생을 편안히 잠자도록 잠자리를 마련해 주고 안방으로 건너와 내외가 진지하게 의논을 했다.

학교가 알면 즉시 퇴학일 것이고 부모에게도 알릴 수가 없다. 만일 부모에게 알린다면 아버지가 내가 맡은 당회장 교회의 장로님이시니 아버지도 책벌의 대상이 된다. 그러니 부모에게도 비밀로 해야 하며 임신 7개월이라 이미 배가 남산만이 불러온다. 임신 7개월에 낙태 수술도 불가능하다. 이대로 두고 학교에 갈 수도 없다. 억지로 배를 압박붕대로 동여맨다고 해도 학교에서 교련시간, 체육시간에 운동장 트랙 선을 몇 바퀴씩 뛰어야 하는 일은 정말 못할 일이다.

날이 밝았다.

그 학생을 우선 오늘 하루는 결석하고 내 집에서 쉬도록 해 놓고 학교에 출근했다.

한두 시간 틈을 내어 집으로 와서 그 학생을 데리고 일단 병원에부터 가 보기로 했다. 병원에서는 내가 학교 교목이라고 신분을 밝히고 학교에도 부모에게도 알릴 수 없어 이 학생을 보호하기 위해 내가 데리고 왔다, 협조해 달라고 인사를 했더니 그 병원 원장이 산부인과 의사라 진찰을 해 보고는 임신 7개월이 맞다고 하며 태아도 건강 하니 3개월을 기다렸다가 정상 분만을 해야 한다 하면서 의사가 나를 쳐다보며 싱글벙글 웃는 것이 나를 오해하는 눈치였다. 애써 변명하거나 아니라고 해명할 맘도 없어 이 학생을 데리고 집으로 다시 왔다. 어떻게 해서든지 구실을 만들어 학교에 비밀히 3개월을 등교시키기로 하고 학생 교복을 풍덩하게 다시 맞추어 입히기도 했다.

담임선생이 여 선생이라 그 담임과 비밀 협약을 하고 체육시간, 교련시간 때마다 번갈아 가며 교목실로 이 학생을 좀 보내 달라 담임선생이 할 일이 있으니 교무실로 보내라 혹은 몸이 좀 불편하니 체육시간은 출석만 부르고 양호실로 가게 하라는 등 핑계를 대고 3개월을 체육시간, 교련시간을 이 학생을 수업시간에 빼돌리는 데도 힘이 들고 신경이 쓰였다.

그 힘드는 3개월 동안 학교에서 이 학생의 집까지는 한 시간 정도 걸어서 등하교하는 건너 마을이라 부모에게 허락을 받아 내 집에서 먹고 자고 공부하도록 하기도 했다.

마침 3개월 후에 여름 방학이 되어 그 지역에서는 병원마다 내가 학교 목사라는 것을 알고 있어서 불가불 타 지역으로 가서 나와 내 아내가 이 학생의 부모라고 하고 산부인과 병원에서 해산, 분만을 하게 되었다.

그 학생을 분만실에 들여보내고 우리 내외는 임시 부모 역할을 하느라 분만실 입구 의자에 앉아 기다렸다.

분만실에서 학생의 진통 고통의 부르짖는 아우성 소리가 점점 시간 단축으로 들려온다. 그러기를 5시간이 지나도 여전히 죽는다고 악을 써가며 부르짖기만 하고 아기가 나오지를 않는다는 것이다.

병원에서는 분만 촉진제 약을 투입하기도 했으나 정상적인 분만이 안 된다는 것이었다. 조금 후에 분만 담당 의사가 얼굴에 땀 범벅이 된 채 분만실 밖으로 나와 보호자인 부모님들과 상의를 할 일이 있다고 한다.

"산모가 너무 심한 해산 고통을 당하고 있습니다. 양수는 다 터져 나왔고 태아의 머리가 골반 입구에 벌써 내려와 있으나 골반이 열리지 않습니다. 골반이 열리지 않으면 태아의 머리가 빠져 나오지를 못합니다. 온갖 노력을 다 해 보았으나 헛수고입니다. 골반 뼈가 열리는 것이 아니라 점점 더 오므라드는 상태입니다. 이것은 대개 산모 1,000명당 하나 꼴로 나타나는 '링 현상(Ring現狀)'이라는 것입니다. 아무래도 이 산모는 정상 분만이 어려울 것 같습니다. 이대로 더 오래 되면 산모도 태아도 위험합니다. 부모님이 허락해 주십시오 제왕절개 수술을 해야만 되겠습니다."

이것 참 난처한 일이었다. 그 학생이 아기를 분만시키는 일에는 우리 내외가 가짜 부모 노릇을 해왔으나 정상 분만이 아니라 절개 수술을 받아야 한다니 여기까지도 가짜 부모 노릇을 할 수가 있겠는가?

우리 내외는 비상시국에 비상 대처를 하기로 결심을 했다. 의사에게 "부모로서 허락합니다. 속히 절개 수술을 해

주십시오, 이대로 가다가는 우리 다 큰 딸 죽이겠습니다. 어서 수술을 해 주십시오."라고 해서 의사에게 맡겨 버리고 병원을 나와서 급히 이 학생의 집, 장로님 댁으로 전화를 했다. 마침 부인 권사님이 전화를 받았다.

"권사님, 놀라지 마십시오, 여기 ○○에 있는 권 산부인과 병원입니다. 권사님의 딸 ○○ 학생이 이 병원에서 중한 수술을 받고 있습니다. 다급한 상태라 내가 급히 이 병원으로 데리고 와서 권사님 대신 부모라고 하여 우선 수술을 하게 되었으니 장로님께는 비밀로 하고 지금 빨리 권사님이 이 병원으로 달려오십시오."

그리고 2시간이 지나 권사님이 병원에 도착했을 때는 이미 수술이 끝난 상태였다. 수술로 산모는 살렸으나 결국 아기는 죽은 상태로 꺼내게 되었다.

목사로서 해서는 안 될 생각일지 모르나 이 아기가 살아 있으면 처치가 곤란했을 터인데 차라리 죽어 나온 것이 오히려 잘 되었다는 생각이 들었다.

하루 종일 우리 내외는 아무것도 먹지 못하고 하도 심한 애 태움 때문인지 저녁 늦은 시간에는 내가 쓰러질 것만 같은 현기증이 왔다.

그 학생을 퇴원시켜 다시 우리 집으로 데리고 왔다. 미역

국을 끓이고 진짜 딸아이의 산후 몸조리를 시키듯이 집사람 아내가 너무 잘해 주었다.

나는 그 학생을 붙잡고 한참 동안 울었다. 그리고 학생의 두 손을 꼭 잡고 기도해 주었다.

"하나님 아버지! 이 어린것이 몹쓸 일을 당하고 이를 처리하느라 살을 찢고 피를 쏟는 죽을 고생을 했습니다. 이 아이를 불쌍히 여기소서! 철없는 아이들이 저지른 불장난의 행동을 용서 여 주소서! 중한 수술을 했으나 이 아이의 몸에 조그만 장애나 후유증도 일어나지 않게 하여 주소서! 앞으로 고등학교 공부를 다 마칠 때까지 공부하기에 아무런 지장이 없도록 인도하여 주소서! 회개하고 앞으로 믿음 생활을 더 잘하게 하여 주소서! 어서 건강을 완전히 회복하게 하소서! 감사합니다. 예수님 이름으로 기도합니다. 아멘."

그 학생은 그 후 여름방학을 지나는 동안 완전히 건강하게 되었고 성격도 더 명랑하게 되어 아무런 표 없이 학교생활 가정생활 교회생활을 잘해 나갔다.

그 학생의 담임선생이 교목실로 찾아와 눈물을 흘려가며 고맙고 감사하다고 인사를 했다. 그리고 학생을 내 앞에 불러다 넣고 말했다.

"○○야, 목사님께 진정으로 고맙습니다 라고 인사 드려라. 정말 너 아버지도 못할 일을 목사님이 해주셨다. 앞으로도 목사님을 아버지로 모셔야 한다."

어머니 권사님이 뒤에 고맙다고 농사지은 것이라며 마늘 한 접을 들고 오기도 했다.

여학교 교목 생활을 하다 보니 예상치 못했던 이런 사건 사고를 종종 접하게 되었고 이런 일을 교칙에 따라 처벌해 가려고 하면 일년에도 수십 건의 학생을 퇴학시키는 일들이 벌어질 것이 분명하다.

10대 청소년 소녀들에게는 정말로 문제도 많은 것을 경험하게 되었다. 내가 경험한 10대 학생들의 문제를 통계 분석해 보면 중학교 2학년, 고등학교 1학년의 여름방학이 가장 위험하고 그 다음은 고등학교 2학년이다.

남녀 칠세 부동석男女七歲不同席이라는 말은 옛날 고어로 사라지고 지금은 남녀 칠세 합동석, 남녀 칠세 결합석男女七歲 合同席, 男女 七歲 結合席을 자연스러운 윤리로 이해하는 때라고 생각하리만큼 남녀간의 성 자유개방 시대가 되고 보니 성적 호기심과 무분별한 성충동을 주체 억제하지 못하는 청소년기의 학생들에게는 문제가 많게 되어 있는 것이다.

4. '터놓고 얘기합시다' 성교육 강사가 되다

1980년대 당시에 전국 여자 중·고등학교에 몇 가지 웃지 못 할 일이 벌어져서 사회 여론까지 된 적이 있었다.

서울에 모 여자중학교 2학년 학생이 유서를 남기고 아파트 6층에서 뛰어내려 자살을 한 것이다. 이 학생은 학급에서 실장이며 성적 우수 장학생으로 학교 내에서 가장 모범학생으로 손꼽히는 흠 없는 학생이었다.

그런데 무슨 이유로 자살을 했는가?

그 이유가 그가 남긴 유서에 밝혀져 있었다.

이유는 그에게 어느 날 갑자기 초경初經이 있은 것인데 이 학생은 여성의 월경月經에 대한 상식이 없어서 갑자기 팬티속에 붉은 피가 흐른 것을 놀라 고민하다가 누구에게도 이 사실을 말못하고 자살을 했다는 것이다.

이것이 누구의 책임이겠으며 누가 이 학생에게 여성의 생리현상에 대한 상식을 가르쳐야 했는가?

그 당시 전남 광주의 모 여자고등학교 1학년 여학생이

60와트 짜리 백열등 전구를 자신의 질내膣內에 밀어 넣는 수음手淫을 하다가 무리하게 누르고 쪼이고 한 나머지 전구가 질내에서 터지는 사고가 발생했다.

이 학생이 즉시 병원으로 옮겨서 유리 파편을 제거하고 지혈을 시키는 치료를 받았다면 괜찮았을 것인데 이를 누구에게도 말못할 사정이라 혼자서 고통 중에 피를 너무 많이 흘려서 몇 시간 뒤에 피투성이 시체로 발견되었다.

참으로 청소년 소녀들에게 있을 수 있는 웃지 못할 사고가 아니겠는가?

경북 성주지방에 시골 모 여자중학교 3학년 학생이 상상임신想像姙娠 상태를 경험하고 이를 감당할 수가 없어 뒷산에 올라가 목을 매고 자살하려 한 사건이 있었다.

여름에 빨랫감을 가지고 마을 근처 개울에 나갔다가 너무 덥고 땀이 나, 사방을 둘러보아도 아무도 보지 않는 조용한 개울이라 옷을 벗고 개울물에 풍덩 들어가 시원하게 목욕을 했다는 것이다.

그 후에 이 학생은 이상하게 밑이 가려워서 긁어야 했고 아랫배 속에 무엇이 들어가서 자꾸 자라고 있다고 느끼게 되었다.

옛날에 그런 일이 있었다는 어른들의 말을 들은 바도 있어서 이 학생은 틀림없이 그때 개울에서 목욕할 때에 뱀 새끼나 뱀 알이 자기의 생식기를 통해 배속에 들어온 것으로 믿은 것이다.

이 학생은 고민하게 되었다. 한 달 두 달 지나는 동안 월경 경도가 끊어지기도 하고 아랫배가 자꾸 불러오는 것이며 뱃속에서 뱀이 꾸불꾸불 움직인다고 느끼기도 했다.

'이것 참 큰일이구나! 내가 아기를 임신하듯이 뱀을 임신했구나! 내 뱃속에서 여러 마리 뱀이 자꾸 자라고 있는 거야! 이를 어떻게 하면 좋을까? 몰래 병원에라도 가볼까? 아니야 못해 여학생이 이 몸을 해서 병원에는 갈 수가 없어! 그럼 어떻게 하니 엄마에게도 말을 할 수가 없고 친구에게도 말을 못한다. 그런데 내 배는 자꾸 불러온다. 여러 마리 뱀이 자꾸자꾸 자란다. 이 뱀이 더 크면 내 입으로 기어 나오지 않을까? 그럼 방법은 없다. 죽어야한다. 죽자!'

이와 같은 상상을 하면 할수록 배는 더 불러오고 뱃속에서 무엇이 자꾸만 움직인다. 뱃속에 자라고 있는 뱀을 죽여버릴까 하고 이 학생은 자기의 배를 주먹으로 치기도 하고 베개로 때려 보기도 했다. 그러면 배가 너무너무 아파 그 고통도 견딜 수 가없었다.

이것이 바로 잘못된 성상식과 성무지에서 빚어진 일종의

상상임신想像姙娠이었던 것이다. 결국 이 학생은 자살을 결심하고 뒷산에 올라가 소나무 가지에 목을 맸으나 마침 사람들에게 발견되어 병원으로 옮겨져서 상상임신이라는 문제도 해결하고 새 사람으로 퇴원할 수가 있었다. 이도 역시 웃지 못할 성무지의 청소년들의 문제다.

경북 안동에서 일어났던 청소년들의 강간사건이 있었다.

3명의 고등학교 2학년 남학생들이 여고 2학년 여학생을 여관으로 데려가서 윤간輪姦을 했다. 그 여학생의 아버지가 경찰서장이고 보니 얼마 못 가서 3명의 남학생들이 체포되어 경찰서로 끌려 왔다.

조사 결과 이 남 학생들에게는 아무 잘못이 없다고 해서 모두 풀려 나왔고 모든 잘못이 그리고 모든 책임이 전적으로 여학생에게 있다는 것이 드러나 그 아버지 경찰서장이 얼굴을 들지 못하고 부끄러워 할 말을 잃었다고 한다.

알고 보니 지나가는 낯선 남학생들에게 다가가 유혹했다.

"애들아! 너희들 나 한번 가져봐! 내 몸을 다 줄 테니 섹스 한번 경험해 보란 말이야!"

이 말을 들은 남학생들이 가만히 있을 리 없었다.

"야! 이게 웬 밥 위에 떡이냐? 좋다 가자 우리 한번 해

보자!"

그래서 여관으로 갔고 자신이 옷을 홀딱 벗고 반듯이 들어 눕는 그 여학생을 차례로 돌아가며 섹스를 했다는 것이다.

남학생들의 진술도 그러했고 여학생의 솔직한 진술도 꼭 같았다는 것이다. 그러니 남학생들이 무죄 석방일 수밖에 없는 일이었다.

10대 청소년, 소녀들의 성문제가 극에 달하고 있음을 말해 주는 사건이 아니겠는가?

그래서 당시 문교부에서 문교부장관 특령에 의하여 전국 남녀 초중고학생들에게 특별 성교육 순결교육을 실시하도록 공문 하달이 되었다.

각급 학교의 양호교사, 교련교사, 생물과 교사, 가정과 교사들이 이 특별 성교육을 담당하도록 하고 여름방학, 겨울방학을 통해 해당 교사들을 불러모아 특별강습회도 하였고 성교육에 필요한 교재 교본과 쾌도까지 보급이 되었다.

내가 교목으로 근무하는 학교에서도 여러 명의 해당 교사들이 강습을 받고 성교육에 필요한 여러 교재들을 받아 왔다.

그러나 강습을 받고 돌아온 교사들이 다 큰 여학생들 앞에서 용기 있게 성교육을 할 자신이 없고 교사들 자신부터가 대개는 미혼인 데다가 성생활에 특별한 경험도 없는 것이다.

학생들 중에는 22살 23살 처녀들이 있는가 하면 성교육을 담당해야 할 교사는 불과 24살 25살 처녀 총각들이고 보니 학생들 앞에서 남성 여성의 성기를 흑판에 그림 그려가며 성교육을 하라 하면 교사들이 먼저 얼굴이 벌겋게 달아오르니 어찌 성교육이 되겠는가?

그래서 나는 나이도 지긋하니 성생활 경험도 풍부하고 본래 산부인과 의사 노릇도 산파 노릇도 해본 경험이 있으니 누구 못하지 않게 성교육 특강을 할 수 있다고 학교 당국에 알리고 자원해서 우리 학교 학생들의 성교육, 순결교육을 도맡아 하기로 했던 것이다.

교무과에 학생들의 수업시간 배정 담당자와 협의하여 일주일에 1시간씩 학년별로 강당에 모여 성교육을 실시하고 (각 학년이 8학급이요 한 학급이 평균 60명이니 한 학년은 약480명이 있음) 각 학급에 일주일 1시간씩 내가 가르치는 성경시간에 성경 공부와 함께 성교육도 겸해서 실시하기도 했다.

강당에 모여 학년별로 성교육을 실시할 때는 그 시간 수업이 없는 교사들도 많이 참석을 했고 성 무감각기, 성 감각기로 나누어 성 혐오기, 성 동경기, 성 접촉기, 건전한 이성교제, 남녀 성기의 구조, 성충동, 성접촉, 성행위, 임신의 상식과 지식, 건전한 자위행위, 피임법, 성병 등 준비된 교재에 따라 성교육을 실시하노라면 처음에는 대개의 학생들이 킥킥거리고 웃기도 하고 얼굴이 벌겋게 달아오르며 부끄러워하기도 한다.

어떤 학생은 그런 정도는 우리도 다 압니다 하는 표정도 읽을 수 있으나 교육 시간이 20분쯤 흐르면 모든 학생들이 관심을 쏟아 진지한 태도로 교육을 받는다. 어떤 학생은 용감하게 손을 들고 질문도 한다.

참석했던 선생님들도 "성교육 특강이 너무 좋습니다. 정말 좋은 교육을 학생들이 받고 있습니다. 우리 선생들은 아무도 목사님만큼 이런 훌륭한 강의를 할 수도 없습니다. 학생들에게 성교육 강의로는 최고입니다." 하며 내 특강을 칭찬해 주기도 했다.

수업시간 성경과목과 함께 학급에서 성교육 강의를 할 때는 주로 성性에 대한 학생들의 질문을 받고 대답하는 형식으로 진행을 했다.

흑판에 「터놓고 얘기합시다」라고 크게 쓰고 '질문자의 이름은 밝히지 말고 무엇이든지 어떤 내용이든지 이성간의 문제, 성에 관한 문제, 성생활에 대해 궁금한 것 알고 싶은 것 솔직히 각자의 메모지에 써서 내라. 질문을 해라.' 하면 학생들이 정말 솔직한 내용들을 질문한다.

이렇게 하여 학생들로부터 질문 메모지를 받은 것이 모두 3,800여장에 달한다. 이것은 10대 청소년의 순결교육, 성교육에 있어 매우 중요한 데이터가 되었다.

이 학생들이 「터놓고 얘기합시다」에 솔직히 질문한 사항 중에 비교적 그 수가 많았던 것을 통계로 뽑아본 것을 여기에 공개해 본다.

1) 처녀막에 대하여 가르쳐 주십시오 ·············· 53건

2) 월경에 대해 자세히 알고 싶습니다.············ 123건

3) 남녀의 자위행위에 대하여························108건

4) 오르가즘이 무엇입니까?····················· 67건

5) 임신에 대한 상식을 배우겠습니다 ··············135건

6) 건전한 이성교제는?·························136건

7) 성병에는 어떤 것이 있습니까? ·············83건

8) 성충동은 왜 일어납니까?················39건

9) 성행위는 어떻게 해야 합니까? ············94건

10) 피임법에 대해 가르쳐 주십시오·············158건

11) 첫날밤 남녀의 성생활은·················65건

이상은 학생들의 질문지를 분석 통계한 중요 사항들이다. 여기서 알 수 있는 것은 청소년들이 남녀간 성생활에 대해 모르는 것이 없고 알 것은 다 알고 있구나 하는 것을 느끼게 되며 그러면서 겉으로는 아는 것 같으나 사실은 잘못 알고 있는 것, 알면서도 그 깊이를 모르기 때문에 불장난을 저지른다는 것을 짐작할 수 있다.

나는 이 학교에서 학생들에게 성교육을 실시하면서 더욱 10대 청소년들에게 깊이 있는 성교육 순결교육이 반드시 필요하다고 주장하고 싶다.

지금이라도 혹 어느 학교에서 성교육 특강을 해 달라 하면 즉시 달려가서 학생들이 푹 빠지도록 특강을 할 자신이 있다.

불러 주지도 않지만………!

그때 나에게 성교육을 받은 학생들이 지금은 모두 40대 중반 주부들이 되어 있다. 혹간 이들을 만나게 되면 대개는 학창시절 목사님을 통해 성교육 받은 것을 고맙게 생각하고 지금도 기억이 된다는 말을 하기도 한다.

정말 꿈 많은 여고시절, 문제 많은 청소년기, 이성에 대한 뜨거운 호기심, 주변에 널려 있는 성충동거리들, 성에 대한 자제력, 판단력, 분별력이 약한 청소년들이 이겨 나가기는 참 어려운 시대에 있는 것이다.

제7부

목화생활 에피소드

1. 지좌교회 총각, 지보교회 처녀의 결혼중매

나는 50년간 목회생활 중 김천 지좌(指左)교회에서도 시무했다.

대개는 지자교회라고 놀려주는 말을 하기도 한다. 그때 예천군 지보면 지보교회에 친구 김 목사님이 시무하고 있었는데 지자교회 오목사와 지보교회 김목사가 한자리에 앉아 점심식사를 함께 하는 자리에서 두 교회에 혼사 중매 문제가 이야기 중에 나왔겠다.

두 목사의 애기 중에 오목사의 교회 지자교회에 좋은 총각이 있다고, 김목사의 교회 지보교회에는 좋은 처녀가 있다고, 그래서 두 처녀 총각의 나이, 학력, 신앙, 가정, 교회에서의 활동력 두루두루 맞추어보니 피차간 잘 맞을 것으로 판단되었다.

'쇠뿔은 단김에 뺀다'는 속담처럼 이 혼사를 잘 되게 만들어 보자고 하여 서로간 양가의 부모와 함께 맞선을 보고 결정하자고 해서 월요일 오전 11시에 지보교회로 날짜와 장소를 정하였다.

처녀 총각 양쪽이 모두 두 목사의 결정에 순종하여 정해진 날짜와 시간에 맞추어 지자교회라 써 붙인 미니버스를 오목사가 운전하여 총각과 총각의 부모들을 싣고 빵빵 클랙슨을 울리며 활짝 열어놓은 지보교회 마당으로 쑥 들어갔다.

마당에서 기다리고 있던 지보교회 처녀의 아버지 장로님이 두 손을 번쩍 치켜들면서 하는 말씀.

"됐어요! 이 혼사는 이미 결정됐다고요!"

차에서 내리면서 내가 물었다.

"아니, 장로님. 총각 맞선도 보지 않고 결정됐다는 말씀부터 하십니까?"

처녀 아버지 장로님이 차를 가리키셨다.

"이것 보시오. 지자교회 총각이 지보 처녀교회로 쑥 들어왔으니 이놈이 올 곳에 제대로 찾아왔단 말이오."

그제야 나도 알아들을 수가 있어서 한술 더 떴다.

"그러고 보니 정말 그렇군요? 지자총각이 지보처녀에게로 이미 쑥 들어왔네요? 이 혼사는 맞선 보나마나 이미 첫날밤도 치렀습니다!"

그렇게 하여 모두가 한바탕 웃으면서 지보교회 사무실로

들어가 둘러앉아 말대로 혼사를 기쁜 마음으로 결정짓고 그 자리에서 김천 원앙예식장에서 결혼식 날짜도 정하였다.

친구 김목사가 주례를 나에게 떠맡겼다. 나는 이런 저런 좋은 말로 주례사를 마치고 식장 분위기를 화기 넘치게 하기 위해 유머러스하게,

"오늘 결혼식은 지자총각이 먼저 지보처녀에게로 쑥 들어가 성사되었다는 말씀도 드립니다."

하여 하객을 웃겨주었다.

이들은 지금 2남 1녀를 낳고 행복한 가정을 꾸려 가고 있다. 하나님 은혜를 감사합니다.

2. 문정자 다리 밑에서 연합예배 드립니다

2006년 7월 장신대 66기 동문 수양회가 필리핀 마닐라에서 2박 3일 열리게 되었다.

우리 동문은 모두 66명이지만 벌써 10여 명 동문들이 먼저 천국에 들어가고 20여 명은 목회전선에서 은퇴를 하고 몇 명은 멀리 외국에 나가 살고 하여 이번 동문 수양회에는 부부 동반하여 40여 명이 참가했다.

여행사에서 짜놓은 프로그램에 의해 마닐라 시내 관광도 하고 세계 7대 절경 중 하나라는 팍상한이란 계곡의 절경과 특별한 폭포 관광과 길고 좁다란 배를 타고 내려오는 급류타기 와 따가이따가라는 활화산 관광을 위해 왕복 2시간 가까이 조랑말을 타는 관광, 날개 달린 배를 타고 1시간이나 바다 같은 호수를 건너는 선유놀이도 즐겼다.

대절 버스로 몇 시간씩 다음 관광지로 이동하는 때에는 홍의표 목사라는 동문의 리더로 돌아가면서 노래도 부르고 장기자랑도 하고 재미있는 조크도 했다.

우리 동문 중에 홍일점으로 여자 목사 문정자 목사가 동행하였는데 그가 본인은 웃지도 않으면서 우리 동문 일행의 배꼽을 빼는 조크를 하였다.

"나 문정자 목사입니다. 지금 시무하는 교회에 공문 엽서 한 장이 배달되었는데 그곳 면내에 11개 처 교회가 문정자 다리 밑에 모여서 야외예배를 드린다는 엽서 공문이 왔습니다. 왜 하필 문정자 다리 밑에서인가 하고 교인들에게 물어보니 '문정자다리밑'이라는 지역이 연합 야외 행사를 하기에 가장 적당한 장소라는 것입니다. 나는 별 생각 없이 교회 앞에 광고를 했습니다.

'여러분! 나 문정자 목사입니다. 공문 엽서를 광고합니다. 다음주일은 이 지역 11개처 교회가 연합예배로 문정자 다리 밑에서 모인답니다.' 했더니 온 교인이 합심해서 까르르 웃는 것입니다. 아니 왜 웃습니까? 하니 '우리 목사님이 문정자 목사님 인데 문정자 다리 밑이면 우리 목사님 다리 밑이 잖아요?' 하고 웃는 것입니다. 나 문정자도 문정자 다리 밑에 가서 웃으면서 연합예배를 드렸습니다."

그래서 우리 모두는 한바탕 웃고 손뼉을 쳤다. 그때 내가 한마디 덧붙였다.

"문정자 목사님! 문정자 다리 밑에 모두 모이면 절대로 치마는 입지 마십시오?”

그래서 또 한번 모두가 웃었다. 옆에서 홍의표 목사가 가만히 있을 리가 없었다.

“동문 여러분, 우리 다음 동문회 모임은 문정자 다리 밑으로 합시다. 그때는 문정자 절대로 치마는 입지 마십시오?”

3. 성가대가 부른 총각 전도사 환영가

나는 울릉도 교회에서 8년간 총각 전도사로 시무한 적이 있었다. 그 교회는 교인수가 150여 명 되었는데 총각 전도사가 있어서 그런지 모르나 18세 이상 시집 아니 간 처녀가 무려 서른 여덟 명이었다.

어느 성탄절 전날 밤 밤 새워 가며 교우 친목회를 하는 자리에서 성가대가 총각 전도사 환영의 노래를 부르겠다 하기에 모두가 박수를 쳐서 그 노래를 청하였는데 곡조는 이미자 씨의 섬마을 선생 곡에다 멋진 가사를 만들어 붙인 노래였다.

동백꽃 피고 지는 울릉도 섬에
파도 따라 찾아온 총각 전도사
서른 여덟 섬 처녀들이 정성을 모아
모시는 그 이름은 총각 전도사
육지엘랑 가지 마오 가지를 마오
떠나지 마오

4. 장로님 다리 밑에 고추가 큽니다

지금 내가 위임목사로 은퇴를 앞두고 목회 말년을 보내고 있는 이곳 경북 봉화 지역은 전형적인 농촌마을이다. 집집마다 주로 수박농사, 고추농사를 많이 하는데 우리 교회 교인들도 수박, 고추를 많이 재배한다.

작년에 우리 장로님 한 분은 마른 고추 만 근을 했고 수박농사에서 약 3천만 원을 올렸다. 해마다 8월이면 개당 10~15Kg 되는 큰 수박을 대형 트럭으로 실어내며 고추도 건조기에 건조한 좋은 고추를 차 떼기로 실어 나간다.

그래서 우리 교회는 맥추 감사주일을 수박, 고추 팔아서 8월 마지막 주일에 지키고 있다. 이렇게 고추 농사를 많이 하는 곳에 내가 처음 부임하여 맥추 감사주일을 지키면서 집사람 사모가 별 생각 없이 교인들과 몇 마디 대화한 것이 실수 아닌 실수가 되었고 너무나 웃기는 말이 되어 목회 에 피소드의 하나로 남게 되었다.

사모 : 아이구, 장로님! 장로님 고추가 제일 굵고 크고

잘 생겼네요! 일등이에요!

장로 : (웃으면서)그래요! 뭐 보통이지요.

사모 : 아니에요 우리 교회에서 장로님 고추가 제일 굵고 크다구요.

교인 : 사모님! 우리 장로님이 고추도 크고 좋지만 다리 밑에 고추는 더 좋아요.(다리 밑이란 다리 아래(橋梁下) 있는 고추밭이란 말인데 웃기는 말로 해석하니 정말 웃기게 되었다)

사모 : (웃기는 말도 눈치 채지 못하고) 장로님, 그 좋은 다리 밑의 고추는 어디 있어요? 그 고추 한번 보여 주세요!

　　　 (장로님과 교인들은 자꾸 웃으면서 얘기를 하는데 사모는 이때까지도 눈치를 채지 못하고 또 말을 걸었다.)

사모 : 아니 장로님! 왜 자꾸 웃기만 하세요? 그 다리 밑의 고추 좀 내놓아 봐요!

장로 : 아니 사모님! 여기가 어디라고 다리 밑의 고추를 자꾸 내놓으라세요?

사모 : (그제야 눈치를 챘는지, 얼굴을 붉히면서, 사택 쪽으로 달아나면서) "예에!? 장로님, 난 몰라 난 몰라" 하더니 "누가 그 고추 말인가요? 이 고추 말이지."

장로 : (계속 웃으시면서) 그 고추나 이 고추나 고추는 고추

지요.

함께 있던 교인들이 허리를 잡고 한바탕 웃어댔다. 나도 늦게야 이 소리를 들으면서 웃지 않을 수가 없었더라. 그 일 후로 집사람 사모는 고추와 장로님만 보면 웃고 또 웃는다.

고추 농사 많이 하는 이곳에서는 고추 애기 함부로 해서는 안 되겠구나…… 하는 사실을 또 깨달았다.

올해도 이 지방에는 고추농사를 많이 했는데 빨갛게 익은 굵고 큼직한 고추를 딸 때가 되면 역시나 고추노래가 대두될 것이 분명하다. 여러분! 고추 간수 잘 하십시오!

5. 예배시간 졸고 자다가

교회 안에서 예배시간에 졸고 자다가 생기는 웃기는 일들
은 어디나 있을 것이다. 누가 말하기를 예배시간에 졸고 잠
자는 사람은 열두 가지 죄를 짓는다고 했다.

1) 예배 시간에 졸고 잔다고 깨우면 누구나 '절대로 안
   잤다'고 말하니 거짓말한 죄,
2) 잠자면서도 '내가 기도하며 다 들었다'고 하니 새빨간
   거짓말의 죄,
3) 코를 골기도 하니 옆 사람 예배 방해 죄,
4) 설교자 영력을 감퇴케 하는 죄.
5) 예배시간 잠자는 것은 하나님 불경의 죄,
6) 졸면서 끄덕하다가 자신도 모르게 방귀가 뿡하고 나
   올 수 있으니 실수의 죄, 창피의 죄,
7) 예배시간에 졸고 자면 옆 사람에게도 전염이 되어 다
   른 사람도 졸고 잠자게 하니 졸음 선동죄,
8) 졸음 마귀도 마귀이니 예배시간 졸고 자는 것은 마귀

행동의 죄, 마귀 협조죄,

9) 설교자를 무시하는 죄,

10) 설교시간에 졸고 자는 사람의 대개는 말썽꾸러기가
   많으니 입 비쭉이는 말썽꾸러기 죄,

11) 예배시간에 끄떡끄떡 졸면서 침까지 흘리니 꼴불견
   죄,

12) 졸고 잠자는 사람 그 사람이 또 잘 졸고 자는 사람이
   많으니 나쁜 습관의 상습죄.

어느 교회에서 설교하던 목사가 졸고 있는 장로를 향하여
강대상을 탁 치며 "장로님! 그 눈에 고춧가루를 좀 치시오!"
했다. 이 말을 들은 그 장로님은 강단을 향하여 "목사님! 내
눈에 고춧가루 치기 전에 목사님 설교부터 고춧가루를 좀
치시구려!" 했다 한다.

내가 경북 포항 지방에서 목회를 할 때 이웃 교회에서 성
결교의 이만신 목사를 강사로 청하여 일주일간의 심령대부
흥회가 열렸다. 목요일 밤 집회에 나도 은혜를 받자고 하여
갔더니 그 교회 담임목사가 나더러 기도인도를 부탁하여
강사와 함께 강단에 올랐다.

순서에 따라 내가 별로 길지 않게 기도인도를 마치고 강

단 의자에 내려앉았는데 사회를 하던 본교회 목사님이 나의 기도인도 그 시간에 피곤을 이기지 못하고 그만 깊이 잠이 들고 말았다.

한참 동안 사회자 목사님이 성경본문 말씀을 봉독하러 나가지 않으니 강사 목사님이 "김목사님! 끝났어요! 일어나세요!" 하며 잠자는 김목사님을 흔들어 깨웠다.

깜짝 놀라 잠에서 깬 사회자 목사님이 강단에 나아가서 강사가 "끝났어요!" 하며 자기를 깨우니 잠결에 강사님 설교까지 다 끝 난 줄로 알고 "여러분! 이제 강사 목사님 나오셔서 축도하심으로 오늘밤 집회를 마치겠습니다." 했다.

강사 목사님이 "아니, 여보 김목사님! 나 아직 설교도 하지 않았는데!"

부흥회 사회를 맡은 본교회 목사님도 강단에서 졸다가 이런 실수를 하는 것을 보았다.

바로 그 집회에서 어느 날 밤 그 교회의 박 안수집사님이 마을 이장으로 바쁘게 분주히 뛰어다니며 이장 일을 하다가 예배시간에 헐레벌떡 달려와서 뒷자리에 앉아 끄떡끄떡 졸고 있었다. 그 당시는 마을 이장을 구장이라고 불렀다.

성경봉독 시간에 사회자 목사님이 성경본문 말씀을 봉독하러 나가서 '누가복음 9장'의 말씀을 읽으시려고 '누가 구장' 했다.

바로 그때 졸고 있던 마을 구장 집사님이 잠결에 자기 구장을 찾는 줄 알고 손을 들고 벌떡 일어나 "예! 제가 구장입니다" 했다. 그 바람에 교인들이 하하호호 한바탕 웃음바다를 이루었다.

이것도 예배시간에 졸다가 실수한 예가 될 것이다.

필자도 어느 부흥회를 인도하는 교회에서 교인들에게 이런 얘기를 한 적이 있다.

"여러분! 예배시간에도 졸음이 오고 자꾸 잠이 퍼붓게 되면 자요! 주무시라구요? 오죽이나 피곤했으면 예배시간에도 잠이 오겠습니까? 잠이 오는 것은 정상일지 모르지요? 그런데 잠을 자더라도 머리를 옆으로 삐딱삐딱 흔들며 자지는 마십시오! 그것은 앞에서 볼 때 듣기 싫다 듣기 싫다 하는 거부형으로 보이기 때문입니다. 이왕이면 예배시간 주무실 때는 머리를 앞뒤로 숙였다 들었다 끄떡끄떡 하면 이것은 앞에서 볼 때 그렇지! 옳소! 그렇구 말구요! 하는 동의형으로 보이기 때문에 괜찮습니다. 잠이 오면 주무세요! 제발 거부형으로 자지는 말고 동의형으로 예쁘게 주무시구요!"

이 정도로 말해 놓으면 대개의 교인들은 졸다가도 잠이 깨게 된다.

"여러분! 예배시간에 잠이 많이 올 때에 스스로 잠을 깨울 수 있는 방법 하나를 가르쳐 드리지요. 이제부터 이렇게 한번 해 보세요! 잠이 많이 오면 옆 사람에게는 좀 미안하지만 그 자리에서 벌떡 일어나 빙글 한 바퀴 돌고 조용히 앉아요! 잠은 벌써 깨었을 것입니다. 해 보세요!"

이렇게 여러 교회에서 시켜 보았는데 그대로 실시하는 교인은 한 사람도 없었다. 참 이상한 일이다.

울릉도에서 총각 전도사 시절 어느 교회에서 연세가 많은 노인 안수집사님이 교회에 오실 때마다 항상 깨끗한 한복에 흰 두루마기를 입고 오셔서 무릎을 꿇고 예배를 드리셨다.

의자가 없는 마룻바닥에 방석을 놓고 무릎을 꿇고 예배를 드리던 중 이 노인 집사님이 졸음을 이기지 못하고 약간 코를 골면서 주무시다가 그만 뒤로 꽈당탕 넘어지면서 참고 있던 방귀가 아주 큰소리로 빵! 하고 터졌다.

모든 교인들이 이 분이 잠자다가 뒤로 벌렁 자빠진 것도 우스운데 큰 소리로 터져 나온 방귀 소리 때문에 더 크게 웃어댔다. 일어난 그 노 집사님의 얼굴이 벌겋게 달아오른 것도 웃음을 자아냈다.

6. 여전도회 회원들과 관광 여행 중에서

경북 포항 지방에서 목회를 할 때의 일이다.

여전도회 회원 45명이 관광버스로 일일 관광여행을 하는데 그들만 보낼 수가 없어서 장로님 한 분과 내가 인솔자로 함께 참석하게 되었다.

하루 여행이라 아침 일찍이 출발하여 오전 8시경에 어느 온천장에 도착하여 온천 목욕부터 하게 되었다.

남자는 장로님과 나 두 사람뿐이고 모두 여자들인데 온천장 여탕에는 우리보다 먼저 온 팀 50여 명이 목욕 중에 있어서 여탕이 매우 복잡했다. 그 온천장 지배인이 특별히 배려하여 장로님과 나는 독탕에서 목욕하게 하고 이른 아침이라 남탕이 비어 있으니 여전도회 45명은 남탕에서 목욕하도록 했다.

한창 목욕을 하는 중에 포항 시내 다른 교회 남 선교회 회원들이 역시 일일관광 행사로 그 온천장을 찾았다. 마침 온천장 지배인이 잠깐 자리를 비운 사이에 매표원은 이를 알지 못하고 표를 구입한 수십 명의 남자들이 정상적으로 옷을 홀딱 벗은 채로 남탕 안으로 들여보냈다.

그 탕 안에 목욕중인 우리 45명의 여전도회 회원들이 어찌 되었겠으며 이를 알지 못하고 벗은 몸으로 탕 안에 들어간 수 십 명의 남선교회 회원들은 또 어찌 되었겠는가?

그 교회는 이웃에 있는 교회라 서로가 아는 사람들도 있었다. 정말로 진풍경이요 총천연색 시네마스코프 확실한 성인영화같이 되었다.

그 현장에 장로님과 나는 없었으므로 자세히 알 수 없으나 목욕을 마치고 관광 버스를 타고 다른 관광지로 가면서 이들이 주고받는 이야기는 정말 웃기는 것이었다. 여기 몇 마디 옮겨 써본다.

어느 30년 과부인 집사님은 "야! 저것 봐라, 내가 30년 만에 처음 다시 보는 광경이다.""야호! 오늘 진짜 관광했다.""한꺼번에 이런 관광은 처음이다.""봐라! 봐라! 저럴 때 잘 봐라! 이런 관광이 또 있겠노?"

그런가 하면 먼저 들어와 있던 여자들이 "아! 아! 나가 나가라! 나가라!" 아우성을 치자 뒤에 들어온 남자들은 놀라서 "아이쿠! 이게 어찌된 일이야! 우리가 여탕을 잘못 들어왔나?" 하고 벗은 몸에 두 손으로 앞을 가리고 돌아 나왔다.

"얼른 보았지만 남자들도 보니 다 다르더라."

"우리 이런 관광 또 할 수 없나?"

"난 30년 만에 처음 봤다!"

그 다음 애기들은 상상에 맡길 수밖에.

정말 웃겨주는 진풍경이었다.

여자 회원들은 하루 종일 그 애기였고 그 후에도 모이기만 하면 또 그 애기들이 나왔었다.

그때 또 하나 웃겨주는 일이 있었다. 여러 시간을 고속도로로 달려가는데 차안에서 여자들이 소변보기가 급해졌다. 고속도로가 생긴 초창기라 중간 휴게소도 많지 않았고 아무데나 차를 정차할 수도 없었다.

소변이 바쁜 사람은 여러 명이다. 소변 급한 사람 손들라 해보니 9명이나 손을 들었다.

"운전 기사 양반! 무슨 방법이 없겠소?"

운전기사가 길가에 차를 잠시 멈추고 쫓아내려 가더니 차 밑에 화물칸에서 청소용으로 쓰는 양동이를 들고 왔다.

"정 급한 분은 이것 가지고 저 뒤로 가서 볼일을 보시오!"

"아니 글세! 그렇다고 여기서 여기에 우째 싸겠노?"

모두들 웃고 또 웃다가 그 중에서 여전도회 친교부장 오락부장을 맡은 ○집사가 먼저 나와서 양동이를 들고 뒤로 가면서 "목사님! 장로님! 돌아보지 말아요!" 하며 볼일을 보고 일어섰다.

"할 수 없네! 나도!"

"에라 모르겠다. 급한데 뭐 우선 싸고 보자."

이래서 한 사람 한 사람 차례대로 양동이 요강에 앉았다 온 사람은 모두 15명이었다.

그때 나는 ○집사님께 한마디했다.

"○집사님! 돌아보지 말라 해서 돌아보지는 않았는데 앞으로만 보고 있어도 저기 운전사 앞에 붙어있는 백미러 거울에 다 보인다. 난 다 보았다. 다 보이더라!" 했더니 15명 모두가 한 목소리로 비명을 질렀다.

"아이! 이를 어쩜! 아이 창피해! 목사님이 다 봤대!"

그래 놓고 웃고 또 웃었다.

오후 늦은 시간에 마지막 관광으로 포항 종철 용광로를 견학하기로 했다. 당시에 용광로 과장이 우리 교회 집사님이라 미리 견학 신청이 되어 있어서 정해진 시간에 우리 관광 버스가 포항 종철 정문으로 들어가는데 그때 ○집사님이 차안에 저 맨 뒷자리에 가서 급해서 참지 못하고 신문지를 깔고 대변을 보아 신문지로 여러 겹으로 냄새가 나지 않도록 싸고 또 싸서 비닐봉지에 담아 두었다가 어느 기회에 차창 밖으로 버린다는 것이 버스가 종철 정문을 통과할 무렵에 밖으로 내던졌다.

수위실에서 이 비닐봉지를 주워서 관광객들이 더구나 여자들이니 수위실에 자기들 먹으라고 던져준 떡 봉지로 알고 수위실 근무하는 사람들을 모두 불러서 돌아앉아 그 똥보따리를 풀어놓았다. 어찌 되었겠는가. 여러분 상상에 맡겨야…….

이 사실을 뒤늦게 용광로 과장 집사님을 통해 전해 듣고 뒤에 진짜 떡을 해서 싸들고 그 수위실을 재차 방문한 일이 있었다. 수위실에 수위들 그들도 웃고 찾아간 우리도 웃고 또 웃었다.

미안하다고 사과도 드렸으나 역시 웃기만 했다. 이 일뿐 아니라 여전도회 친교부장 오락부장을 맡은 그 ○집사님은 언제나 전체를 웃기는 언변이 뛰어났다.

7. 짓고땡이 귀신아 물러갈 찌어다

18세 어린 나이에 아무것도 모르면서 교회를 신개척 설립하던 그때 뼈가 부러지고 피를 쏟은 눈물의 에피소드가 있다.

지금은 알고 보니 그것이 바로 '가가호호 축호 방문 전도'라는 것인데 그때는 이런 말도 할 줄 모르면서 무조건 하고 듣든지 아니 듣든지 간 덮어놓고 집집마다 다니면서 '예수 믿으시오!'하고 열심히 전도를 했다.

어느 날 마당이 넓은 집에 전도를 하러 들어갔다. 넓은 마당에는 잡초가 무성하고 텅 빈 집 같은 사람이 살지 않는 조용한 집 같은데 뜨락에 한 호호백발 할머니가 이빨도 다 빠진 합죽한 입에 허리가 접힌 꼬부랑 할머니가 머리채를 흔들흔들 하며 옴하고 앉아 있었다.

가까이 가서 머리 숙여 인사부터 하고 전도했다.

"할머니, 예수 믿으세요. 교회에 나오세요."

이 할머니가 고개를 들고 물었다.

“니 뭐라캤노?”

순간 생각해 보니 귀가 절벽 같았다. 그래서 더 큰 소리로

“할머니! 예수 믿으세요! 우리 교회에 나오세요!”

했더니 이 할머니가 물었다.

“나 같은 것도 예수 믿어도 되나?”

옳다 됐구나 싶었다.

“할머니 되고 말고요! 교회만 나오세요!”

“안 들려!(자기 귀를 가리키며) 내 귀가 발바닥이야!”

나는 그만 다짜고짜 할머니 양쪽 귀에 손을 대고 소리쳤다.

“예수 이름으로 귀문이 열릴지어다. 예수 이름으로 귓구멍이 빵 하고 뚫어질지어다.”

어디선가 들은 바가 있어서 큰 소리로 외치며 나도 그렇게 기도했다. 그런데 하나님이 능력으로 함께 해주셨다. 그 순간 할머니 귀가 열렸다. 할렐루야!

용기가 생겨서 할머니를 마당 잡초 위에 엎드리게 해 놓고 또 기도를 했다.

“예수 이름으로 굽은 허리가 한일자로 쫙 펴질찌어다!”

놀랍게도 할머니 허리가 펴졌다. 할머니도 좋아서 펄쩍펄쩍 뛰었고 나도 너무 좋아서 펄펄 뛰었다. 기적이었다. 그 할머니는 그때부터 교회에 나오셨다.

뒤뜰에 앉혀놓은 성주단지, 부엌 부뚜막에 조왕단지, 마루에 조상단지, 방안에 선반 위에도 꿀단지 같은 우상 귀신 삼신단지, 곳곳에 모셔놓은 우상단지를 내 손으로 다 때려 부수고 찐쌀은 갖다가 밥해 먹고 삼베 천 조각을 가져다 팬티를 만들어 입고 단지그릇은 교회에 옮겨놓고 사용했다.

그 할머니가 바로 성은 하씨에 이름은 일선으로 하일선 할머니이시다. 이 하일선 할머니가 교회에 나오시면서 정말 웃기는 일이 있었다. 이 할머니는 그때 연세가 80이셨고 80평생 하는 일은 싹쌕이 할머니였다.

집집마다 다니며 싹싹 빌어주는 일을 하셨다. 옛날 시골 마을에는 이러한 싹쌕이 할머니가 마을마다 있었다.

아기 낳은 집에 가서 삼신판 차려주고, 몸이 아프다는 사람은 찾아가서 그 집의 객귀를 물리쳐주면서 바가지 물을 마당에 뿌리며 부엌칼을 마당에 던지면서 "훗세 후이 잡귀 잡신아!" 하며 던진 부엌칼을 주어서 마당에 열 십자를 그려놓는다. 이렇게 해서 귀신도 쫓아내는 그러한 일을 하는 할머니라 싹쌕이 할머니로 통했다.

그 할머니는 교회에 나오시면서도 꼭 싹쌕이 식으로 하나님께 인사부터 드렸다. 두 손을 벌려 머리위로 한 바퀴 돌려서 합장하여 손바닥을 싹싹 비비면서 말했다.

"하나님 아부지요! 우짜던동 알령하십니꺼?"

그러지 말라고 해도 꼭 그렇게 했다. 그럴 때마다 어린 마음에 하도 우스워 뒤로 돌아서서 손으로 입을 막고 킥킥거리고 웃었다. 한 달쯤 지나서였다.

"전도사, 전도사!"

노인이 급히 불러서 가보니 이렇게 물었다.

"기도를 우째 하노? 기도라는 거 좀 가르쳐 조 보래이?"

그래서 할머니를 앉혀 놓고 기도법을 가르쳤다. 나 자신도 기도를 잘 못 하지만 한참 동안 기도에 대해 설명을 하고 강의를 해도 대답은 '뭐라캤노? 모르겠다!' 하셨다.

두 번 세 번 설명을 하다가 하도 답답해서 이렇게 말했다.

"할머니, 다 모르시면 '하나님 아버지 감사합니다' 이 말만 해도 됩니다."

그 할머니는 이 기도 한 마디 배웠다고 교회에 와서도 집에서도 마을에 걸어 다니면서도 밥상을 받아 놓고도 이 기도만 했다.

"하나님 아부지! 우짜던동 감사합니더어 감사합니더어."

우짜던동이란 말은 내가 가르친 말이 아닌데 그 지방에서 사용하는 독특한 사투리다. '어쨌든 간에, 좌우간 어찌 했던지간에'란 뜻의 말이다.

이 할머니가 '우짜던동' 하며 이빨이 다 빠지고 없는 합죽 할머니가 '감사합니더어' 하고 기도라고 하실 때마다 나는 웃음이 났다. 그 할머니가 80세에 예수 믿고 3년간 교회에 다니면서 기도는 단 한 마디는 "우짜던동 하나님 감사합니더어" 한 마디밖에 없었다.

그러나 그 할머니의 간단한 이 기도 속에는 할머니 가슴에 품은 평생소원이 다 들어 있었다. 우리 하나님은 다 아시고 그 기도 소원을 3년 안에, 아니 세상 떠나가시기 전에 다 들어주신 것을 나는 볼 수가 있었다.

그 할머니 가슴에 한이 되어 피맺힌 평생 소원이란 바로 그의 3형제 아들들 문제였다.

아들 3형제 이름은 성근이 진근이 민근이다. 큰아들 성근이 라는 사람은 그때 벌써 환갑 진갑 다 지난 노인이었다. 경북 선산 땅에 들어서서 선산 군수가 누구인지는 몰라도 어린 아이들 까지도 성근이 모르는 사람은 없을 만큼 유명한 사람이다.

이 사람 유명한 화투 놀음쟁이 '도리 짓고땡이' 선생이다. 전국에 불려 다니며 '도리 짓고땡이' 놀음을 해서 옛말에 있는 대로 계집자식 다 팔아먹은 사람이다. 그런 아들이 있으니 할머니 가슴에 맺힌 한인들 오죽하겠는가.

한번은 다급하게 '전도사 전도사!' 하고 부르기에 가던 발걸음을 멈추고 '우짜던동 할머니! 왜 그러세요?' 하고 물으니 '성근이가 왔다! 성근이가 왔다!' 하고 좋아하셨다.

"아니, 할머니. 성근이가 왔는데 우짜라구요?"

"우짜던동 내 아들 성근이 예수 믿게 해야지? 전도사가 전도 안 할끼이가?"

나는 깜짝 놀랐다.

"예! 할머니, 아들 전도하러 갑시다. 어디 있습니까?"

"놀음쟁이 놀음방에 있지 어디 있겠나?"

"그러면 갑시다. 놀음방이 어디입니까?"

그 할머니를 따라 마을 한쪽 주막집 골방 놀음방을 찾아갔다. 할머니는 방문을 벌컥 열어제치고 손가락으로 가리켰다.

"저 안에 팔짱을 끼고 뒷자리에 앉아 있는 저게 성근이다."

어두컴컴하고 담배 연기가 자욱한 놀음 방에 신발도 벗지 않은 채 뛰어들어 성근이라는 사람의 허리춤을 움켜잡고 벌떡 일으켜 질질 끌며 밖으로 나가자고 끌었다. 그 사람은 엉뚱하게 반응했다.

"당신이 누구요? 왜 나를 끌고 가는 거요?"

그러면서 버둥대고 안 나오려고 버티었다.

"아니, 이 양반아! 저 앞에서 늙으신 모친이 부르지 않소?"

내가 강제로 끌고 나오자 방안에 있던 사람들이 잘 되었다는 듯 한 마디씩 했다.

"허허, 저 성근이 전도사 양반에게 잘 걸렸다!"

그리고 모두 쳐다보고만 있었다. 그 성근이라는 사람의 한복 바지 허리춤을 불끈 잡고 신발도 신기지 않은 채 교회까지 끌고 왔다. 그 모친 할머니는 뒤따라오면서 연거푸 그 때는 좀 빠른 말로 늘 하는 소리를 되풀이했다.

"우짜던동 우짜던동 하나님 감사합니더어!"

할머니는 빠른 걸음으로 뒤를 따라오셨다. 나를 안 따라오려고 버둥대는 것을 강제로 끌고 교회까지 오는데 힘이 들어 땀을 뻘뻘 흘렸다.

나는 교회바닥에 그를 꿇어앉히고 머리를 꽉꽉 눌려가며 기도를 했다.

"짓고 때이 귀신아! 이 놀음쟁이 귀신아! 예수 이름으로 물러갈지어다."

큰 소리로 몇 번 반복해서 기도를 하는데 그 사람이 뒤로 벌렁 자빠지면서 입으로 거품을 북적북적 쏟더니 마치 죽은 사람처럼 잠잠했다. 그리고 한참 후에 부시럭부시럭 일어나는데 사람이 달라졌다.

새 사람이 되었다. 정말 놀음쟁이도 짓고때이도 마귀 귀신이었다. 귀신이 물러가니 이때부터 그 사람은 놀음쟁이가 아니었다. 눈물까지 흘려가며 내 앞에 머리를 숙였다.

"감사합니더어."

그리고 기도하는 자기 모친 무릎에 엎드려 흐느껴 울기 시작하더니 자기 죄를 회개하는 것이었다.

"오! 하나님 진정으로 감사합니다. 감사합니다."

나는 그 자리에서 감사 기도를 드렸다. 그 사람 성근 씨는 그 후 모친을 모시고 교회에 잘 나오고 가까운 일가 친척들을 전도해 가며 예수를 잘 믿어 1년 만에 집사가 되었다.

이 일이 있은 후 할머니가 교회에 와서 나를 불렀다.

"전도사, 전도사! 우리 진근이는? 진근이는 안 되겠나?"

진근이는 할머니의 둘째 아들이다. 나이가 50에 가깝도록 장가도 못 가고 폐병이 들어 피를 토하며 마산에 있는 국립 결핵 요양원 병원에 장기 입원 중이며 죽을 날만 기다리는 버려진 사람이었다.

그러니 할머니 가슴에 또 하나 못 박힌 한이 아니겠는가?

'진근이를 잡으러 가자! 진근이를 잡아다가 교회에 눕혀

놓고 폐병귀신을 몰아내자! 당장 시작하자.'

나는 이렇게 생각하고 서둘렀다.

"할머니! 갑시다. 마산으로! 진근이를 잡으러 가는 겁니다."

교회에서 마산까지는 약 400리 길이다. 지금처럼 교통수단이 좋은 것도 아니고 타고 갈 차편도 없었다. 걸음도 잘못 걸으시는 80노인 할머니를 반은 업고 가야 하며 별수 없이 걸어서 400리, 죽을 고생을 각오해야 하는 참으로 무모한 길이었다.

가는 동안 얼마간은 벌목하는 산, 벌목장에서 내려오는 연기를 풍풍 뿜어내는 목탄 트럭에 매달려 가기도 하고 지나가는 소달구지(우마차)에 얹혀 할머니를 운반하기도 하고 외딴집 처마 끝에서 새우잠을 자기도 하며 3일만에 '마산 결핵 요양원 병원'에 도착했다.

입원 환자 진근이를 잡으러 왔다고 하니 정문 수위실에서부터 들어가지도 못하게 한다. 온갖 떼를 써서 병원장인 소장을 만났다. 알고 보니 진근이는 임종이 가까운 중환자들만 격리 수용하는 별관 병동에 버려져 있었으며 가족 면회도 금지되어 있는 자였다. 자세한 경위를 다 쓸 수는 없다.

노 모친을 앞세워 금지된 환자 면회도 했고 온갖 방법으로 생떼를 써서 일주일간 허락을 받고 진근이를 교회로 집으로 데려 오게 되었다. 불가능한 일을 가능케 한 것이다.

음식을 먹지도 못하고 제 발로 걷지도 못했고 연거푸 기침을 할 때마다 각혈을 했다. 다 죽어 가는 폐병쟁이 중환자를 업고 지고, 때로는 노 모친 할머니와 둘을 한꺼번에 업기도 하면서 400리 길을 돌아올 때 겪은 고생은 도저히 여기에 다 기록할 수도 없다.

죽음을 앞두고 있는 폐결핵 환자가 토해 놓는 피, 결핵균이 가득 차 있을 그 피가 나의 옷에도 몸에도 얼굴에도 뒤죽박죽으로 색칠을 했다.

할머니도 나와 마찬가지로 붉은 피가 옷 전체에 발라졌다. 그러나 나도 할머니도 폐병이 전염되지는 않았다. 왜 꼭 그렇게 해야만 했는지 그 이유는 나도 모를 일이다. 대모험을 하면서라도 환자를 꼭 교회에 끌고 와야만 된다고 믿었다.

토요일 밤늦게 천신만고 끝에 교회에까지 도착을 했으나 약 1시간 동안을 기진맥진하여 기력도 체력도 정신력도 모두 깨어져 버리고, 교회 바닥에 쓰러져 졸도하고 말았다.

제대로 먹지도 못하고 잠도 못 자고 무리한 나머지 교회까지 오기는 했으나 긴장이 풀리면서 기절을 했다. 하일선 할머니도 졸도했다.

약 1시간이 지나 이웃 사람들이 찬물을 떠다가 억지로 마시게 해서 정신을 차리고 눈을 떴다.

숨은 붙어 있으나 송장 같은 진근이를 왈칵 껴안았다.

'진근이 이 사람, 불쌍한 사람…… 이러다가 죽으면 어쩌나?'

염려도 있고 그 동안 당했던 고생이 눈물로 바뀌어 울면서 싸늘하게 식어 가는, 피와 눈물이 범벅된 진근이 얼굴에 내 볼을 비벼대며 있는 힘을 다 쏟아 기도했다.

"폐병 귀신아! 물러갈지어다! 예수 이름으로 천길 만길 떠나 갈지어다! 예수 이름으로 폐병귀신아 물러갈지어다!"

이렇게 기도를 하고 나는 진근이를 안은 채 또 쓰러져 기절을 하고 말았다.

얼마 뒤에 누군가가 울면서 부르는 소리가 들렸다.

"전도사님! 전도사님!"

나를 흔들어 깨우는 사람이 누굴까? 눈을 떠보니 그가 바로 진근이 그 사람이었다. 진근이가 폐병에서 깨어났다.

진근이가 건강한 새 사람이 되어 있었다.

할렐루야!

하일선 할머니는 옆에서 살아난 아들 진근이를 보며 또 그 소리를 연발했다.

"우짜던동 하나님 감사합니더어. 감사합니더어……"

그 할머니의 감사합니더어의 기도가 또 하나 이루어졌다.

이후로 진근이는 건강을 회복하고 폐결핵을 완전히 고친 상태로 그 병원을 다시 갈 이유가 없었지만 나는 그와 같이 그 병원 원장을 찾아갔다. 그리고 기적적으로 폐결핵을 고침 받은 몸을 보여 주며 '이것이 살아 계신 하나님의 능력입니다.' 하고 인사를 했다.

병원장은 "축하합니다. 이 병원 생기고 이런 기적은 처음입니다" 하며 우리를 반겨주었다.

더 말할 것도 없이 진근이는 진짜로 예수를 믿었다. 진근이도 1년 뒤에 집사가 되었다. 나도 할머니처럼,

"우짜던동 하나님 감사합니더어."

이 말밖에 다른 기도말은 필요치 않았다.

그러고 한 달만에 할머니가 나를 또 찾아왔다.

"전도사! 전도사! 전도사는 기도하기만 하면 다 되네! 저 대구 형무소에 가 있는 내 막내아들 민근이, 민근이도 데려다 조야지! 가서 데려와! 전도사가 하면 된데이."

그 할머니의 셋째아들 민근이는 선산지역 주먹패 깡패 대장이었다. 폭력범으로 형무소에 실형을 산 것도 벌써 네 번째 별이 네 개가 붙은 깡패 두목이다.

또 민근이를 잡아다가 교회에 엎드려 놓고 깡패귀신을 몰아낸다는 굳은 결심을 하고 기도하고 이 할머니를 앞세워 대구 형무소로 가서 민근이와 짧은 면회를 했다.

"민근이 당신을 내가 데려가려고 왔소. 기다리시오!"

이렇게 말해 놓고 나와 백방으로 궁리를 해도 형무소에서 실형 선고를 받고 복역중인 죄수를 교회로 데려온다는 것은 가당치 않은 일이었다. 그것이 있을 수 있는 일인가?

내 머리로는 아무것도 해 낼 수가 없었다. 그런데 기도하던 중 하나님께서 지혜를 주시고 방법을 가르쳐 주셨다.

그때 대구 고등법원 부장판사로 있는 오세도 판사를 찾아가기로 했다. 그 오세도 판사는 우리 오씨 문중의 일가친척으로 내게는 손자뻘이 되는 사람이다.

그 오판사는 내가 중학교 2학년 때 수학 과목을 가르치던 담임선생님이었다. 중학교 선생을 하면서 열심히 공부하여 고등고시에 합격, 판사가 되신 분이다. 수업 시간에 들어오셔서 선생님이 내 앞에 와서는 "할아버지! 안녕하십니까?" 하며 인사를 하는 농담도 하셨다.

그 손자뻘 되는 은사 오판사를 찾아 떠났다. 대구 고등법원으로 가 부장판사실 문을 열고 들어서 웃으면서 인사를 했다.

"오세도 판사님! 이 할아버지가 찾아왔습니다."

오판사는 한눈에 나를 알아보고 반겼다.

"아이고 오명근 할아버지 어쩐 일로 여기까지 오셨습니까?"

"오판사님! 이 할아버지가 대구 고등법원 부장판사 오세도 판사님 빽을 좀 쓸려고 왔습니다."

"무슨 말인지 해 봐요! 무슨 일이 있나요?"

"오판사님! 아니 우리 담임선생님! 제 부탁 하나 들어 주십시오, 여기 같이 온 이 할머니의 막내아들이 지금 폭력전과범으로 실형을 받아 대구교도소에 복역중입니다. 그 사람 민근이를 내가 3일만 교회에 데려갔다가 오도록 해주세요. 부장판사님 힘이 있잖아요? 형무소 소장님께 전화 한 통화만 하시면 될 터이니 3일간만 저에게 좀 맡겨 주십시오! 부장 판사님! 좀 되게 해주십시오."

나는 아예 떼를 썼다. 그러나 오판사는 고개를 저었다.

"대한민국에 그렇게 할 수 있는 법이 없어요! 기도한다고 실형을 받아 복역중인 죄수를 집으로 며칠씩 데려간다는 배짱은 좋으나 아니 될 일이오."

하지만 나는 물러서지 않았다.

"말이 안 돼도, 법이 없어도! 적어도 고등법원 부장판사

나으리가 법 테두리 안에서 법을 만들어서 쓰면 될 것이 아니오? 형무소 소장에게 전화 한번 해봐 주세요! 손자가 할아버지 말을 안들을 거요?”

부장판사가 아무 일도 못하도록 책상 앞에 바짝 다가서서 조르고 졸랐다.

“허허 참! 독일병정 도꼬다이 식 생떼를 부리는 데는 할 수 없구먼? 도저히 될 수도 없는 일이지만 그래도 내 전화 한번 해 보지요!”

오판사는 나를 쳐다보고 싱긋이 한번 웃더니 전화를 걸어 보는 것이었다.

“이보시오! 형무소 소장님! 그곳에 재소자중 번호 6237번 김민근, 이 사람 내 방에 좀 보내주시오! 내가 어디 좀 현장에 데려가서 특별히 조사할 일이 있어요! 한 3일쯤 걸릴 것이니 죄수복 벗기고 민간 사복 차림으로요! 기다리겠소.”

고등법원 부장판사의 이 말이 통하더라구요!

약 1시간 후에 2명의 인솔 교도관의 호위를 받으면서 죄수가 사복차림으로 판사실에 들어서자 오판사가 나에게 당부했다.

“이 법은 대한민국에는 없는 법이오! 도꼬다이 할아버지가 오늘 만들었어요! 내가 할아버지 믿고 절대 보증하고 이 사람 3일간 보내주는 것이니 가실 때는 법원에 있는 호송차로 가시오! 약속 어기지 말고 3일 후에 꼭 보내주시오!"

다행히 법원 호송차로 모친 할머니와 함께 쉽게 데려올 수는 있었으나 차를 타고 오면서도 민근이를 혹시나 놓칠까봐 걱정이 되어 차안에서도 민근이의 혁대 허리춤을 힘껏 움켜쥐고 죽어도 놓지 않았다.

민근이가 버둥대며 반항했다.

"왜 이래? 이거 놓고 가자! 놓아라 이 새끼야!"

깡패대장의 그 억센 주먹으로 나의 양쪽 아래턱 부위를 사정없이 때렸다. 그래도 민근이의 허리춤을 움켜잡은 손은 절대로 놓지 않았다.

아래턱 이쪽저쪽 몇 대를 맞으니 내 턱뼈가 내려앉아 덜렁덜렁했다.

한쪽 손으로 힘껏 탁 하고 밀어 올리니 내려앉은 턱뼈가 덜커덩하며 올라붙는 것이 아닌가?

이러기를 여러 번 반복하며 턱 가슴 배에 후크 옆구리, 혁대 허리춤을 쥐고 있는 팔, 얼굴 마구로 뚜들겨 맞으면서 주여! 주여! 하며 큰 소리로 주님을 부르는 것이 내게는 힘이 되었고 위로가 되었다.

교회 앞에 와서 우리를 내려놓고 호송차는 대구로 떠나갔다. 얼굴은 터져서 코피와 함께 피투성이가 되었고 이빨이 3개나 부러지고 눈두덩이 퉁퉁 부어 올랐다.

민근이의 허리춤을 끝까지 놓지 않고 쥐고 있던 팔도 팔꿈치 뼈가 위골이 났고 아래턱은 서너 차례 내려앉고 올라붙고 하는 동안 턱 부위와 코 입 등이 퉁퉁 부어 올랐고 두 다리는 절름발이처럼 절어야 했다.

그때 여러 차례 턱뼈가 내려앉았던 그 일 때문에 40여 년이 흘러간 지금까지도 나는 아래턱이 약하고 딱딱한 음식을 씹어 먹지 못한다.

억지로 교회 안까지 들어가게 되자마자 나는 명령을 했다.

"무릎을 꿇어라."

이 말과 동시에 엎드려 울음 반, 기도 반으로 외쳐 기도했다.

"사탄아! 이 깡패 귀신아 이 민근이 속에서 물러갈지어다. 깡패귀신은 물러가고 민근이가 새 사람이 될지어다."

이 몇 마디하고 나는 잠시 기절을 해 쓰러지고 말았다. 역시나 나를 흔들어 깨우는 사람은 깡패대장, 폭력 전과범 죄수가 아니라 이미 새사람이 된 민근이었다. 민근이는 완전히 달라져 있었다.

3일 만에 나와 같이 벙실벙실 웃으며 부장판사 오세도 판사실로 돌아가니 오판사가 감탄했다.

"할아버지, 정말로 기적입니다."

그 후 민근이는 형무소에서 모범 죄수가 되어 광복절 특사로 3개월 후 출감을 했고 깡패 친구들 10여 명과 같이 교회에 돌아와 제1대 청년회 회장이 되어 모범 교인이 되었다.

하일선 우짜던동 할머니는 그저 좋아서 "우짜던동 감사합니더어 감사합니더어"만 연발하게 되었다.

이렇게 3년간 예수를 믿으며 한 마디 기도만 했던 '우짜던동 감사합니더어' 가슴에 못 박혔던 성근이, 진근이, 민근이 3형제의 문제가 다 해결되고 이들이 새 사람 되어 교회 집사가 되는 것을 보신 '우짜던동 감사합니더어' 할머니는 이 기도를 마지막 드리고 벙실벙실 웃으며 천당으로 가셨다.

나는 어린 나이에 그 할머니의 한 마디 기도 속에 수만 가지 소원과 응답이 있었음을 지금도 생생히 기억한다. 그 한 마디는 어떤 미사여구의 긴 기도보다 능력 있는 기도였음을 간증하는 것이다.

"우짜던동 하나님 감사합니더어."

50년간 목회회고록(牧會餘話)을 끝맺으면서

본래 글 쓰는 재주가 없는 사람인 데다가 원고 없이 바로 머리에 떠오르는 대로 컴퓨터 워드를 치다 보니 오자도 많고 글의 문장 구성도 시원치 못한 곳이 많이 생겼다.

널리 양해 해주며 여기까지 이 글을 읽어주신 독자께 머리 숙여 감사드린다.

1. '대관절 하나님은 있소! 없소!'의 글은 장차 목회자가 되겠다는 소명召命을 받으며 처음으로 주님을 만나게 된 나의 어린 시절의 간증이다. 나는 내가 다니는 중고등학교에서나 내가 출석하는 교회에서도 나의 가까운 집안 일가친척 중에도 나의 장차 진로를 제대로 지도해 주는 지도자인 내 인생의 참 선생을 만나지 못했다. 그래서 그때마다 무엇이나 내 생각, 내 판단, 내 선택으로만 꿈틀거렸기 때문에 시행착오도 생겼고 일생에 한 번쯤 찾아올까말까 하는 좋은 기회도 놓쳐버린 어

린 시절이었다.

50년의 세월이 흘러간 지금 와서 후회한들 무엇하리! 좋은 변명의 말로 "다 그런 거지 뭐, 그런 거야. 그러길래 미안 미안해"다. 하나님의 뜻이었다고 돌려 생각한다.

2. '기독교 예수교 오로동 기도소'는 정말 나 자신이 아무것도 모르면서 성경학교도 신학교도 공부하기 전에 성경이 무엇이며 기도는 어떻게 하는 것인지조차 모르고 교회가 무엇이며 설교는 어떻게 하는 것인지도 전혀 모르는 18세의 철부지가 '전도인', '전도사', '오 선생'이라는 칭호를 들으면서 그저 첫 열심에 불타는 뜨거운 열정 하나로 젊은 피의 열심만 가지고 교회를 하나신 개척 설립한 기록이다.

얼마나 몰랐으면 교회당을 신개척 건축하고 교회 간판을 무엇이라 써야 할지를 몰라 여러 군데에서 본 교회 간판들을 참고하여 '기독교 예수교 오로동 기도소'라고 써 붙였겠는가?

너무너무 배가 고팠고 어린 나이에 빈혈과 영양실조로 쓰러지고 자빠지고 실신 기절도 여러 번 하였다.

교회를 지으려고 남의 산에 나무를 베러 갔다가 주인에게 붙잡혀 매도 맞았고 마을 깡패에게 걸려서 병원에 한 달을 입원해야 할 만큼의 온 몸이 만신창이滿身瘡痍가 되는 부상도 입어 보았다.

교역자敎役者가 무엇인지도 모르면서 교역자의 일을 했고 목회牧會가 무엇인지도 모르면서 목회 일을 해냈다. 그러기에 실수한 일도 많았다.

그러나 보통이상普通以上이다, 훌륭하다, 놀랍다 하는 칭찬도 들었다.

'팔방미인이다, 손재주가 있다, 정말 머리가 좋다'는 칭호를 들어가며 맨손으로 흙벽돌을 찍어 15평의 교회당을 신 개척 건축을 하면서 지금도 내 혼자 손으로 집을 지을 수 있을만한 목수, 토수, 미장이 등의 기술을 습득하기도 했다.

이 책자 다른 제목의 글에 씌어 있지만 어린 나이에 집집마다 돌아다니며 전도하던 중 만났던 80세의 '우짜던동 감사합니더어' 할머니, 하일선 할머니는 잊혀지지 않는다.

그 개척교회에 처음 출석한 40세 가량의 교인이 '전도사 나이가 몇이요?' 하고 묻기에 정직하게 '예! 열 여

덟 살입니다.' 했더니 '그래야? 내 막내 동생 나이구
먼! 내 자네 보고 자네라고 하겠네!' 하는 그 소리가
너무너무 듣기에 섭섭해서 교회에 들어가 밤새껏 엎
드려 '하나님! 왜 나는 나이가 이리도 적습니까? 하루
밤 사이에 폭삭 늙어지게 해주세요!'하고 기도한 철부
지 시절, 그 기도는 하나님의 응답이 빨라서 내가 20
세 때에 3,40세로 보였으며 지금 나이가 많아 은퇴할
때가 되어지고 보니 '하나님! 50년 전에 나를 폭삭 늙
어 보이게 해달라고 했던 그 기도를 되돌릴 수는 없습
니까? 10년은 젊어 보이게 해주세요! 하고 기도하고
싶습니다'의 심정이다.

3. '춥고 배고픈 신학교공부'는 나의 철없는 어린 시절 두
메산골, 교회를 구경할 수도 없는 시골에서 흙벽돌 찍
어 15평 교회를 신 개척 건축한 것이 알려지고 30리
밖 군위성결교회에서 380평 땅, 교회 대지를 구입하
도록 도와준 덕분에 첫 간판을 성결교회로 하다 보니
성결교 경북지방회장의 특별 추천으로 서울 아현동에
있는 성결교 신학대학 서울신학대학에 무시험 합격으
로 신학생이 되게 되었다.

그때 신학생 생활은 너무 춥고 배고픈 고생의 길이었
다. 난방 시설이 전혀 되어 있지 않은 5층 다다미방
기숙사에서 모포 한 장이 침구 전부이며 책상에 놓인
잉크병이 얼어 터지기 때문에 모포 속에 안고 자는 데
도 얼어 터질 정도로 추웠다.

기숙사 식당에서 식권을 구입할 형편이 못 되어 밥을
먹을 수가 없으니 굶기를 부자 밥먹듯 하는 것이고,
그래서 먹을 것이 없어 생식도 해 보았고 영양실조로
눈동자가 흐리멍덩하게 되어 보기도 했다. 나뿐 아니
라 기숙사에 있는 동료 신학생들이 몇 사람 외에는 거
의 전부가 하루 세 끼 꼬박꼬박 밥을 먹는 사람이 드물
었다.

그러면서 신학생은 배고픈 고생을 반드시 해야만 한
다고 생각하고 참고 견디었으며 교역자가 되어도 배
고픈 고생을 각오해야 한다고 알고 있었다.

신학생 시절 학장님이었던 이명직 목사님의 매일 새
벽기도 말씀에 신학생 모두가 꼬꾸라지고 뒤집혔다
할 만큼 너무너무 은혜로웠기에 배고픈 고생을 참을
수 있었다고 하는 간증과 고백을 하고 싶다.

신학생 시절 미리 배고픈 경험을 많이 했으니 50년간

의 목회생활에서 배고픈 교인들의 사정만은 알아줄
수가 있었다.

그때에 성결교회가 예성, 기성으로 갈라지면서 총회
석상에서 목사 장로가 서로 멱살을 잡고 주먹이 오고
가는 치열한 싸움판을 구경도 했다.

4. '모범 새마을 지도자 전도사'는 이 내용 그대로를 「기
독교 연합신문사」 주최 목회수기 공모에 출품하여 당
선작으로 상을 받은 바 있다. 그 신문에 내가 출품한
것을 연재로 싣는다고 한다. 교회의 권위가 땅에 떨어
지고 교역자 전도사의 위신이 말로 다할 수 없도록 손
상을 입은 교회요 그 지역 사정인지라 이를 회복 받기
위하여 교회가 이곳에 있어야 하고 전도사가 이 지역
에 필요한 분이라는 인정을 받아야만 전도가 될 것이
라 판단했기에 자원해서 새마을 지도자가 되었던 것이
다.

새마을 지도자가 되어서 한 일들

첫째 전기 전화가설 사업

둘째 20Km 포장도로 개통 사업, 버스노선 개척

셋째 마을 안길 다듬기, 꽃마을 조성 사업

넷째 젖소 비육우 단지 조성 사업

다섯째 소득증대사업으로 구약蒟蒻재배

여섯째 농촌마을 순회 영농교육 실시

일곱째 교회당을 개방 지역주민이 자유로이 교회 출
　　　입케 하는 간접전도 사업

나는 모범 새마을을 순회하며 보고 배우고 모방하여 새마을 사업이라는 것은 거의 모두를 내가 일하는 마을에서 실시했다.

성공도 했고 실패의 쓴잔도 마셔 보았다.

전국 새마을 지도자 대회가 전라도 광주에서 열렸을 때에 전국 최우수 모범 새마을 지도자로 상을 받았고 고故 박정희 대통령으로부터 하사금 일금 500만원을 받기도 했다.

새마을 지도자로서는 좀 별난 지도자로 죽을 판 살 판 일하고 또 일을 했다. 본래 새마을 지도자는 하려고 한 것이 아니라 그 지역 기관장들이 내 앞에 머리를 숙이고 교회에 나오도록 하기 위함이었으며 교회부흥을 위한 효과적인 전도를 하기 위해서 새마을 지도자를 자원해서 했던 것이다. 이 두 가지 목표는 달성했다고 볼 수 있다.

주일 예배 때에 기관장들이 '전도사님 하시는 일에 우리도 협조하고자 교회에 왔습니다' 하며 교회 앞자리에 6명의 기관장들이 나와서 앉아주게 되었으며 내가 처음 부임할 때 10여 명 교인이 새마을 일심회 회원 20명 청년들을 합하여 100여 명 교인이 모이게 되었다. 그러므로 전도사가 새마을 지도자가 되어 교회도 크게 부흥했다는 말을 들었다.

좀 아쉬운 것은 내가 전도사로서는 새마을 지도자 노릇을 잘 할 수가 있었는데 목사안수를 받고 큰 교회의 청빙을 받고 보니 평생토록 새마을 지도자를 할 수도 없는지라 불가불 새마을 일심회 회원 중에서 대표 한 사람을 뽑아 나의 후계자로 일을 맡기고 나는 그 지역을 떠나게 되었다. 그러고 보니 여러 가지 벌여 놓은 사업들을 계속 시행 유지하지 못하고 중단하거나 실패한 일들이 많았다는 소식을 뒤에 들으면서 아쉽고 답답하고 원통하기도 했다.

새마을 사업을 하면서 부상을 입은 상처 흉터가 지금도 몸에 몇 군데 남아 있어서 기념이 된다 할까?

5. '치유부흥회. 목회자 치유능력 세미나 인도'는 나의

50년간의 목회 생활에서 항상 이어진 일들이었다. 치유부흥회를 750여회, 목회자 치유능력세미나를 55기로 진행하여 왔으며 지금 8월 말에 강원도 동해시 베다니교회(담임:김분숙목사)에서, 또 서울 방화동 샛별교회(담임:고재호목사)에서 54기, 55기 세미나를 준비중에 있다.

치유부흥회나 치유사역 세미나에서의 남은 이야기餘話는 도저히 다 기록할 수 없으리만큼 많고 많다.

본문에 몇 가지 대표적인 실화를 기록했으나 여러 가지 더 기록하지 못해서 아쉽게 생각한다.

치유부흥회를 인도한 교회들은 대개가 두 번 세 번 다시 부흥회를 요청한 교회가 많았고 한 교회에 제일 많이 부흥회를 인도한 교회는 전남 동광양시 광영중앙교회(담임:서명길목사)로서 4차에 걸쳐 집회를 했다.

제일 큰 교회로는 당시 20,000명이 모이는 서울 광림교회(담임:김선도목사)이며 목회자 세미나는 250명이 모인 제5기 순천 세미나라 하겠다.

치유안수기도를 한 사람은 정확한 기록은 없으나 대략 어림잡아 50,000명은 될 것 같고 위암, 간경화, 중풍증, 대장암, 자궁암, 유방암, 간암, 십이지장암, 신장암, 혈액암 백혈병, 방광암, 난소암, 자궁근종, 심근경색증, 류마티스성관절염, 퇴행성관절염, 소아마비, 간질병, 중이염, 척추측만증, 허리디스크, 좌골신경통, 마귀귀신병, 안면신경마비(구안와사증), 갑상선염,치질, 불임증, 목디스크, 50견 견비통, 팔다리신경통, 변비, 설사, 기관지염, 폐결핵, 만성맹장염, 심장병, 간질환, 담석증, 당뇨병 등등 내가 치유기도 하면서 만났던 중증 환자들의 질병이 치유되어진 대표적인 병들이다.

물론 이들 중에는 완전히 치료되지 못한 환자들도 혹 있겠으나 위에서 기록한 질병들은 대개가 치유가 된 환자들의 병명들이다.

많은 사람들이 말하기를 '특별한 능력자나 특별한 은사자들이 그 생명이 길지 않고 능력행사가 오래 갈 수가 없다. 하나님으로부터 잠깐 동안 쓰임 받다가는 얼마 못 가서 쑥 들어갔다.'라고들 말한다.

'우리나라에만 보아도 누구누구, 유명한 은사자, 능력자들이 모두가 얼마 못 가서 온갖 스캔들, 혹은 추문을 남기고 들어갔으며 유명한 치유 능력자라도 자신은 지병을 못 고치고 죽었다.' 라고 힘주어 말들 한다.

그런데 나 같은 사람은 그리 유명하지 못해서 그리 큰
능력자가 못 되어서 그런지는 모르나 내가 18세 때 주
님을 만나고 불을 받고 치유은사를 강하게 뜨겁게 받
은 이후 오늘날까지 50년 동안을 변함 없이 능력이 나
타나는 치유기도 치유사역을 해 오고 있다.
하나님의 은혜요 하나님의 복 주심이라 믿는다.
'나를 통하여 기적도 일으키시며 변함 없이 사용하여
주시는 하나님! 그저 감사할 것뿐입니다.'
그러기에 우짜던동 하나님 감사합니더어.

6. **'목생활 8년을 지내다'**는 나의 50년간의 목회생활에
참으로 소중한 경험을 한 때였다. 더구나 청소년 교육
에 보배로운 자료라 할만한 많은 데이터를 갖게 되었
다고 할 수가 있다.
50대 초반에 교목생활을 할 때 학생들이 나를 '할배'
(할아버지의 사투리 말)라고 불렀으나 나로서는 약 3,500
명의 다 큰딸들, 꽃밭에서 놀았으니 10년은 젊어 보이
기도 했던 시절이었다.
약 850명의 고등학교 2학년 학생들의 책임 인솔자가
되어 제주도 수학여행을 갔을 때, 약 1500명의 여학

생들을 인솔하여 단양 도담삼봉 백사장에서 개인 텐트 약 1,000여 개를 설치하고 야영생활 훈련을 하였을 때, 약 800명의 고3 여학생들을 인솔하여 강원도 망상 해수욕장의 야영, 설악산 여행 등은 많은 추억거리를 만들기도 했으며, 해마다 각 학년 학급의 부실장들(각반 종교부장들)을 가까운 기도원이나 좋은 장소 교회를 택하여 「동산여상 그리스도 제자화 훈련집회」를 하면서 부흥회, 통성기도, 짝기도, 세족洗足식, 성령의 은사 체험을 위한 기도훈련 등으로 종교부장들과 지도교사 합하여 30명을 성령의 불로 바싹 구워서 교목인 나의 손발로 쓰게 되었던 일은 다른 학교가 부러워할 만한 귀한 행사였다.

8년간 교목생활에서 7번 졸업식을 했으니 나의 제자들이 전국에 약 3,000명이 퍼져 있어서 지금도 종종 우체국, 은행, 기차역, 시청, 군청 등에서 '선생님!' '목사님!' 하며 반갑게 인사하는 40대 중년 부인들을 만나곤 한다. 반갑고 기쁜 일들이다.

서울에서 개척교회를 할 때는 서울에 취업하고 있는 졸업생 자기네들이 서로 연락하여 20여 명씩 몰려와 성가대원, 반주자, 교회학교 아동부, 학생회 등에 자원해서 봉사 해 주기도 했다.

8년간 교목생활은 참으로 소중한 시간이었다.

7. '목회생활 에피소드'는 '50년간의 목회여화'로 이 책을 읽는 분들이 마치 자서전과 같은 딱딱하고 재미없는 글을 읽어 주신데 감사하여 한번 웃어 보시자고 몇 마디 삽입한 여담이다. 좀 심한 농담이 아니냐 싶더라도 나 역시 평범한 한 사람이라는 것을 이해하여 주시고 양해를 바라는 바이다.

본서의 독자 여러분!

나는 50년간의 목회생활에서 한 교회에 오래 목회를 하지 못하고 자주 임지를 옮겨 다닌 자취를 남겼다. 나의 친한 목회 친구 한 사람은 '오목사는 목회 달리기 선수다. 여기저기 펄떡펄떡 잘도 뛰어 다닌다'라는 웃음소리를 한다.

그 말이 맞는 말일 것이다. 어떤 목사님은 해마다 연말에 선물을 싸들고 장로님들을 방문하여 '장로님! 빵을 위하여 어찌 합니까? 한 해만 더 있게 해 주십시오.' 하며 한 해 한 해 구걸하는 목회를 한다고 들었다.

그렇게 해서라도 한 교회에 오래 있어야 하는지는 모를 일이다. 굳이 변명하자면 내가 장기 목회를 할 만한 '내게 맞는 임지'를 바로 만나지 못한 탓이라고도 할 수 있을 것이다.

그러나 그보다는 어디 가서 어떤 교회를 맡던지 하나님의 뜻이라고 믿고 순종했다. 그러다 보니 복잡한 교회, 문제 있는 교회, 어려운 교회만 맡게 되었고 그래서 그 문제를 해결하게 되면 목회자가 떠나 주는 것이 덕스럽겠다 라고 판단될 때 떠났던 것이 내 목회였다.

또 하나 이유라면 나는 당회원 장로나 제직원 권사, 집사 한 두 사람이라도 나를 안 좋아하는 기색이 있으면 '한 번만 봐달라, 1년만 더 있자, 밥을 먹기 위해서 조금만 연기해 달라' 이런 생각은 아예 해본 적이 없다. 언제라도 주님의 뜻이면 떠날 준비를 하고 1년이든 2년이든 교회를 지켰기 때문에 보따리를 쌀 일이 생기면 즉시 싸는 것이 내 목회 경력이다. 그러다 보니 본의 아니게도 자주 펄떡펄떡 뛰어 다닌다는 별호가 붙게 된 것이라고 본다.

한 교회에서 수십 년씩 장기목회를 하는 분들을 보면 존경스럽고 부럽기도 하지만 내가 장기 목회를 못했다고 해서 후회하거나 부끄러워하지는 않는다.

50년간 목회에 여러 교회를 옮겨 다녔으나 어느 교회에서도 목회자로서 비굴하지는 않았고 내 목회 소신대로 힘있게 목회를 했다고 고백할 수 있다.

경북 선산 오로교회, 울릉도 현포교회, 경북 고령 도진교회, 포항 연일교회, 경기도 강하중앙교회, 영덕읍교회, 거제도 장승포중앙교회, 포항 두호교회, 영주 동산여상 교목, 서울 면목제일교회, 충주 예원교회, 김천 지좌교회, 포항 청하제일교회, 서울 승동교회, 대전 둔산소망교회, 경기도 성남 산성중앙교회, 경북 반송교회 등 내가 거쳐온 목회지 교회들을 지금도 자랑할 수 있다.

그 중에서 목회자로서 최고·최대·최선의 대우와 사랑을 받은 바 있는 영덕읍교회를 자랑하고 싶고 한번 목회를 했던 교회에 두 번 다시 부임한 교회, 그 교회에 두 번 세 번 부흥집회 강사로 초청 받았던 교회들은 정말 자랑하고 싶은 교회들이었다.

에필로그

여기서 「우짜던동 하나님 감사합니더어」라는 제하의 목회 회고록을 끝맺고자 합니다.

내용 속에는 철없는 시절 몰라서 실수한 기록도 있습니다만 어디에 내놓아도 자랑스러운 일들도 조금은 있으리라 봅니다. 글 쓰는 재주가 없는 사람이 원고도 없이 컴퓨터 앞에 앉아 머리에 떠오르는 대로 자판을 두들겨서 내용을 작성한 것이라 자서전自敍傳이나 목회수기牧會手記처럼 씌어진 것도 이해하여 주시기 바랍니다.

간곡한 부탁이 있다면 저의 이 「목회50년 목회회고록」을 읽고 느끼신 소감이나 저를 채찍질해 주실 말씀이 있으시면 아래 주소로 글을 써 보내주시면 더 없이 고맙겠습니다. 샬롬!

755-811 경북 봉화군 상운면 가곡2리 831-2

반송교회   오 명 근 목사

(전화 054/672-5480, 011/812-4479)

우짜던동 하나님 감사합니더어

2006년 9월 10일 1판 1쇄 인쇄
2006년 9월 15일 1판 1쇄 발행
지은이 오 명 근
펴낸이 심 혁 창
펴낸곳 **도서출판 한글**
서울시 서대문구 북아현동 221-7
☎ (02) 363-0301 / 362-3536
FAX (02) 362-8635
본사홈페이지 www. han-geul.co.kr
E-mail : simsazang@hanmail.net
등록 1980. 2. 20. 제312-1980-000009호

* 잘못 제본된 책은 바꾸어드립니다.

정가 9,000원

ISBN 89-7073-238-1-93230